Inhaltsverzeichnis

Vorbemerkung

Am Anfang bellte Iffi, was ein kleiner Dackelkörper hergibt. Sobald aber mein Gesprächspartner, Dr. theol. Walter Mixa, deftig-bayerisch „Iffi, gib a Ruah!“ befahl, verstummte die vier Jahre alte Hundedame, die seit drei Jahren Mitglied des bischöflichen Haushalts ist. So konnten die vielen Stunden des Gesprächs im blumenreichen, von Haushälterin Schwester Burkhardina gehegten Garten des Eichstätter Bischofsdomizils ungestört, entspannt und konzentriert zugleich bewältigt werden. Genügend Kaffee sorgte für bleibende Wachheit. Walter Mixa, der nun nach einem Wunsch des Papstes vom Eichstätter auf den größeren Augsburger Bischofsstuhl gewechselt ist („Ist das wirklich der Wille des Heiligen Vaters?“ hatte der Erwählte den Nuntius des Pontifex gefragt), formulierte seine Antworten auf meine Fragen beinahe druckreif, meist bei geschlossenen Augen. Der „kultivierte Konservative“, als den sich Mixa bezeichnet, redete Klartext. „Rumwinden mag ich nicht“, sagte er mehrmals. Ich dachte jedesmal: „Nur zu, dem Buch wird das nur guttun.“ Die angenehmen Umgangsformen, die ausgesuchte Höflichkeit des neuen Augsburger Bischofs verbargen nie eine Entschiedenheit zur unverdruckst vorgebrachten Klarheit und Wahrheit, mit der sich der großgewachsene, weißhaarige Kirchenmann „selbstverständlich katholisch“ äußerte. So schreibt er den Protestanten ins Stammbuch, daß deren Säkularisierungsprozeß das gesamte christliche Zeugnis in der Gesellschaft auf nicht wiedergutzumachende Weise mindere. So setzt er die Befürworter der Embryonenforschung mit Kannibalen gleich, wenn jene einen Menschen heilen wollten, indem sie einen anderen Menschen, den hilflosen Embryo, töteten. Mixa fordert einen offensiven katholischen Bekennermut: „Schluß mit feigem Katholizismus! Weg von der spießbürgerlichen Seßhaftigkeit!" Christentum sei mehr als die Formel „Seid nett zueinander!"

Allerlei Neugestaltungsmoden im heutigen Gottesdienst bezeichnet der Bischof von Eichstätt und jetzt Augsburg als „meist ziemlich kindisch, banal und sogar peinlich". Er bezweifelt, ob Kanzler und Minister, die ihren Amtseid ohne Gottesbezug schwören, auf der Basis des Grundgesetzes stehen. Ausdrücklich nimmt Mixa Bezug auf Papst Johannes Paul II., wenn er sagt, daß der extreme Kapitalismus, der auch kriminelle Formen annehmen kann, genauso gottlos und menschenverachtend sei wie die kommunistischen Diktaturen. Ebenso hält er es mit Pius XI. für „unmöglich, gleichzeitig guter Katholik und wirklicher Sozialist zu sein". Der neue Augsburger Bischof kritisiert, daß Katholiken in Deutschland weitgehend zu „stummen Hunden" geworden seien. Das Buch beweist: Walter Mixa ist das Gegenteil eines „stummen Hundes".

Reinhold Michels, Kaarst im August 2005

I. Katholisch – sinnlich – sündig – selbstkritisch

1994 sagte der jetzige Papst, die Freude, katholisch zu sein, bedeute, die Antworten auf die großen Fragen der Zeit gefunden zu haben. Sind auch Sie fündig geworden? Ist es schön, katholisch zu sein?

Es ist wirklich und damit realistisch gesehen eine Freude, katholisch zu sein. Diese Freude hat sicher etwas mit Gefühlen zu tun, ist andererseits aber auch vernünftig zu begründen. Wenn ich das gesamte katholische Glaubensbekenntnis, das sich aus den Evangelien und der frühchristlichen Glaubenstradition entwickelt hat, übernehme, dann werden unsere urmenschlichen Fragen nach Gott, nach seiner Beziehung zu dieser Welt und zu uns Menschen und nach dem tieferen und bleibenden Sinn unseres menschlichen Daseins überzeugend beantwortet. Ganz kurz gesagt: Gott ist Ursprung alles Lebenden und die bedingungslose Liebe! Durch die Menschwerdung seines Sohnes, durch das Kreuz und Leiden Jesu Christi und durch seine wahre Auferstehung, durch seinen Sieg über das Böse und den Tod sagt Gott ein unwiderrufliches Ja zu jedem Menschen und will, daß uns das Leben gelingt.

Eine befreundete Katholikin sagt, katholisch, das sei ein Gefühl im Sinne von Lebensgefühl. Wie wichtig ist die sprichwörtliche katholische Sinnlichkeit, das Angebot an Auge und Ohr, das Gemütvolle?

Die sprichwörtliche katholische Sinnlichkeit ist begründet durch die ganzheitliche Sicht vom Menschen. Der Mensch wird zu Recht gesehen als eine Einheit von Geist, Seele und

Leib. Beispielsweise ist das verkündete Wort des Glaubens nur hörbar und wird erst sichtbar gemacht durch die Schrift, wie es in den Lektionaren und in berechtigt kostbar gestalteten Evangelienbüchern sichtbar zum Ausdruck kommt. Die verdichtete Erfahrung des geisterfüllten Wortes kommt dann zu einem Höhepunkt in den Sakramenten, die die materielle Wirklichkeit dieser Erde einfangen, um dann realistisch sichtbar und mit dem Gefühl wahrnehmbar und im höchsten Ausmaß der Eucharistie auch „schmeckbar" die ganze Gegenwart der Liebe und Treue Gottes seiner Hingabe durch Jesus Christus und sein Wirken im Geist sinnenfällig erfahrbar machen. Auch aus den Früchten der Erde hergestellte Öle werden bei der Taufe, bei der Firmung, bei der Priester- und Bischofsweihe und bei der Krankensalbung „hautnah" verwendet, um die Wirklichkeit und die Kraft und die Einsicht und die Liebe des Heiligen Geistes zu vermitteln. In Verbindung mit dem Gebet spielt auch sinnenfällig die Handauflegung, also das bewußte Berühren und damit Annehmen des Gegenübers eine entscheidende Rolle.

Lenkt das betont Sinnliche, lenken der Weihrauch- und Kerzenduft, die Engel und die Heiligen nicht vom Eigentlichen ab, wie gerade Protestanten immer wieder gegen den katholischen Augen- und Ohrenschmaus einwenden?

Einerseits verstehe ich diese Frage von Protestanten, weil ja gerade bei der Verkündigung des Wortes Gottes der Mensch auf das Wesentliche, das Bleibende aufmerksam gemacht werden soll. Andererseits muß ich dagegenhalten, daß gerade durch das ganzheitliche Ansprechen des Menschen mit allen seinen Empfindungen der Mensch im Innersten seines Herzens erhoben wird durch die Schönheit der Liturgie. Durch die Mitfeier erhält er bereits so etwas wie einen

Vorgeschmack der künftigen Herrlichkeit des Himmels, die ihm von Gott durch Jesus versprochen wird. Insofern kann ich die Schönheit der Liturgie, gerade in Verbindung mit einer entsprechenden Architektur und Musik, akzeptieren.

Ist das Christentum in seiner katholischen Ausprägung die wahre Religion?

Grundsätzlich ist festzuhalten, daß der Mensch wesentlich auf die Wahrheit hin ausgerichtet ist. So sprechen die Kirchenväter von Samenkörnern der Wahrheit, die in allen Menschen wirken. Gott ist die Wahrheit und in Christus Mensch geworden. Christus, der sich selbst als Wahrheit bezeichnet (vgl. Joh 14,6), hat die Kirche gegründet, um durch sie und in ihr das Heil zu wirken im Heiligen Geist. Die katholische Kirche ist somit nicht aus eigener Macht wahr und heilig, sie ist und bleibt durch Christus und den durch ihn zugesagten Geist in der Wahrheit. Die Wahrheit gleicht nicht einer Sache, sondern ist letztlich eine Person, der wir zugestehen müssen, von uns Besitz zu ergreifen.

Das Verhältnis zu anderen Kirchen, aber auch Religionen muß von Respekt geprägt sein – ohne den eigenen Anspruch auf die Wahrheit aufzugeben.

Der Respekt gegenüber anderen Religionen kommt nicht zuletzt auch dadurch zum Ausdruck, daß das Zweite Vatikanische Konzil davon gesprochen hat, daß es bei anderen Religionen ansatzweise Erkenntnis von Wahrheit und damit auch von einer reineren Gottesvorstellung gibt. In dem Zusammenhang muß darauf verwiesen werden, daß die Jünger durch den auferstandenen Christus aufgefordert waren, die Vollendung der Botschaft Gottes vom Gekreuzigten und Auferstandenen weiter zu bezeugen und mit dieser Botschaft wortwörtlich bis an die Grenzen dieser Erde zu gehen.

Was macht die katholische Kirche denn besser als andere christliche Kirchen?

Dies ist keine Frage des „Machens“, sondern eine Frage des Seins. Die katholische Kirche hat das ihr von Christus anvertraute Erbe unverkürzt und unverfälscht bis auf den heutigen Tag bewahrt. Die vielumstrittene und oft mißverstandene Erklärung Dominus Jesus vom 6. August 2000 will zum Ausdruck bringen, daß, bei aller Wertschätzung gegenüber anderen Religionen, Jesus Christus als Mensch, aber auch als Sohn Gottes der endgültige und damit auch unüberbietbare Höhepunkt ist in der Selbstmitteilung Gottes gegenüber uns Menschen. Diese Bekenntnisschrift besagt, daß Jesus Christus nicht gleichermaßen gültig ist wie irgendein Weisheitslehrer der Vergangenheit, sei es Sokrates, sei es Platon; daß Jesus Christus auch nicht in gleicher Weise gültig ist wie die befreienden Heldentaten eines Mahatma Gandhi; Jesus Christus ist auch nicht gleichzusetzen mit Martin Luther King oder Mutter Teresa von Kalkutta. Die Bekenntsnisschrift Dominus Jesus besagt, das der menschgewordene Gottessohn alles vorausgegangene Suchen und Fragen des Menschen, alle Weisheit zu einem endgültigen Höhepunkt gebracht hat in seiner Botschaft, vor allem auch in seiner Forderung nach Feindesliebe. Die katholische Kirche erhebt in diesem Zusammenhang den Anspruch, daß sie niemals aus irgendeiner kirchenpolitischen Überlegung heraus oder bedingt durch einen äußeren politischen Zwang von dieser Botschaft abgewichen ist; daß sie nie etwas hinzugefügt oder etwas hinweggenommen hat.

Den Vorwurf katholischer Überheblichkeit fürchten Sie nicht?

Die von mir erwähnten Tatsachen dürfen in keiner Hinsicht den katholisch Glaubenden überheblich machen. Er ist jedoch herausgefordert, in der Achtung vor anderen Konfessionen und Religionen seine Überzeugung in einer verbindlichen und begründeten Weise weiterzugeben und mit der Hilfe Christi auch zu leben.

Kardinal Bertone von Genua appellierte zwei Jahre nach Erscheinen des Thrillers „Sakrileg", der 25millionenmal verkauft wurde, an die Katholiken, das Buch nicht zu lesen, weil es ein einziges Lügengebäude sei. Weckt das nicht Erinnerungen an lehramtliche katholische Zensur? Und das in einer Zeit, in der man sowieso schon den Eindruck hat, Antikatholizismus sei das letzte erlaubte Vorurteil... Die antikatholische Inquisition, reich an Geld, Halbbildung und Arroganz, läßt doch keine Gelegenheit aus, die Kirche lächerlich zu machen. Liefert Kardinal Bertone mit seiner Buchverdammung nicht neuen Stoff für antikatholische Häme?

Die Feststellung von Kardinal Bertone, das Buch „Sakrileg" nicht unbedingt gelesen haben zu müssen, ist in sich stimmig, da Bücher mit bewußten Vorurteilen gegen die Kirche und mit listig eingestreuten Geschichtsverfälschungen Gläubige sehr stark verunsichern können, wenn sie nicht die Möglichkeit haben, über derartige Aussagen mit gutinformierten Gläubigen, mit Laientheologen und auch mit Priestern zu sprechen.

Jeder gute Arzt wird entsprechend der Gesundheitsverfassung seines Patienten diesem eine aufbauende und die Gesundheit erhaltende Arznei verabreichen und ihm nicht ein Gift reichen, um auszuprobieren, wieviel Widerstandskräfte der Körper seines Patienten aufbringt (und letztendlich den Tod des Patienten einzukalkulieren). In gleicher Weise muß entsprechend der „Unterscheidung der Geister" nach den Worten des hl. Paulus sehr wohl ausgewählt werden, welches Schrifttum das Glaubensbewußtsein fördert und vertieft. Es können und müssen kritische Anfragen an die Glaubensgemeinschaft der Kirche gestellt werden, an den Inhalt des Glaubens, an kirchengeschichtliche Abläufe, wobei dann aber auch eine wegweisende und erklärende Antwort gegeben werden muß. Das geistige und seelische und damit auch das religiöse Leben des einzelnen darf genausowenig mutwillig zerstört werden wie seine körperliche Gesundheit. Dies trifft besonders dann zu, wenn, wie bei diesem Literaturerzeugnis, der ganze christliche Glaube bloßgestellt und als unglaubwürdig und irrig bezeichnet wird. Zu Recht gibt es die Aufforderung zur Reinerhaltung und zur Gesundheit der Phantasie, des Geistes und der Seele!

Wo irrt denn das „Sakrileg"?

Der Filmkritiker José Garcia stellte zu Recht folgendes fest: Die Fakten, die Brown seinem Roman zugrunde legt, stehen in krassem Gegensatz zur wissenschaftlichen Forschung. Das beginnt bei der Frage, wann die Evangelien geschrieben wurden. Zwar ist die genaue Datierung der Evangelien nach wie vor umstritten, doch sind sich die Fachleute einig, daß sie lange vor Konstantin verfaßt wurden. Browns Behauptung, die Evangelien seien erst im vierten Jahrhundert entstanden, entbehrt jeder Grundlage; dadurch wird dem Hirngespinst „Sakrileg" jeglicher Boden der Wirklichkeit entzogen. Die zwei von ihm angeführten Stellen aus den Apokryphen, also von Schriften außerhalb der Bibel, in denen von Maria Magdalena als „Gefährtin des Erlösers" die Rede ist, taugen nicht als Beweise. Aus diesen Texten lassen sich viele absonderliche Geschichten zitieren, die zumeist in der Absicht geschrieben wurden, Jesus als Wundertäter darzustellen – was ja wiederum Browns Ansichten über die „Erfindung" von Christi Göttlichkeit genau zuwiderläuft.

Also, wer dieses Buch liest, der muß es mit Klugheit tun und sollte unbedingt kompetente Gesprächspartner für anstehende Fragen mit einbeziehen!

Bischof Marx aus Trier sagt, wer den Zeitgeist heirate, sei bald schon Witwer. Nehmen Sie die Gefahr, von der Mehrheit für rückständig gehalten zu werden, in Kauf?

Die Aussage von Bischof Marx aus Trier über die „Verheiratung mit dem Zeitgeist" ist ein plastisches und stimmiges Bild. Wer an Jesus wirklich glaubt und von seinem Leben her, von seiner Lehre und seinen Taten und von seinem Lebensende mit Kreuz und Leid, mit der Auferstehung als dem Sieg über den Tod ausgeht, wird der persönlichen Aussage Jesu „Ich bin der Weg, die Wahrheit und das Leben" (Joh 14,6) seine volle Zustimmung geben. Darüber hinaus gibt es keine größere Gotteserkenntnis und Gotteserfahrung; darüber hinaus gibt es keine bessere Hilfe für ein bewußtes und positives Leben.

Christen sind von Anfang an nach dem Ursprung ihrer Hoffnung (vgl. 1 Petr 3,15) und damit auch nach dem Inhalt ihrer Glaubensüberzeugung gefragt worden. Von Jesus Christus her und damit von der bedingungslosen Liebe Gottes her bekommt das Leben jedes einzelnen eine derartige Orientierung und Sinn gebende Lebenshilfe, daß es darüber hinaus nichts besseres gibt. Aus diesem Grund wäre jeder Versuch einer verkrampften „Verheiratung mit dem Zeitgeist" eine pure Zeitverschwendung und würde unweigerlich in einer Sackgasse enden.

Nicht nur heute, aber besonders in der Gegenwart herausgefordert ist gerade der katholische Christ und muß sich deshalb von seiner Glaubensüberzeugung her auch mit anderen Daseinsentwürfen auseinandersetzen können. Der Glaube kann bis zu einem gewissen Grad vernunftgemäß dargestellt und begründet werden, so daß eine intellektuelle Auseinandersetzung niemals schadet, sondern vielfach den anders gestimmten Gesprächspartner nachdenklich macht. Entscheidend ist, daß sich der Christ nicht ins „Abseits" drängen läßt, oder sich womöglich dafür entschuldigt, besonders katholischer Christ zu sein, sondern offensiv auf seine Gesprächspartner zugeht und in einer verbindlichen und zugleich auch klaren und eindeutigen Aussage seine Überzeugung darstellt.

Vielen Katholiken schien in der Vergangenheit der Mut zum Bekenntnis zu fehlen, der aufrechte Gang zu mißlingen. Warum entschuldigen sich so viele dafür, daß sie katholisch sind?

Der aufrechte Gang unter den Katholiken hat dadurch in den vergangenen Jahren nachgelassen, weil Christentum, auch katholisches Christentum, vielfach auf die Kurzformel „Seid nett zueinander!" reduziert worden ist. Da bleibt natürlich kein Platz mehr für in sich begründete Wahrheiten, die auf Gott verweisen, dem Leben einen tieferen Sinn geben und mich bei einem Gespräch mit Andersdenkenden auch zu einem klaren Bekenntnis, zum Zeugnisgeben herausfordern. Es ist Zeit, aus dieser verschüchterten Haltung eines katholischen Christen, der sich noch am liebsten dafür entschuldigen möchte, daß er katholisch ist, herauszutreten und mutig und offensiv gegenüber anderen Denkentwürfen die eigene Überzeugung klar zu bekennen.

Nietzsche läßt sich so lesen: Der einzige Christ sei vor 2000 Jahren in Jerusalem am Kreuz gestorben. Die folgende Geschichte des institutionalisierten Christentums sei eine Perversion dessen, was der Stifter des Christentums gewollt habe. Wie selbstkritisch ist der Katholik Walter Mixa?

Der sehr spitz formulierten Aussage von Friedrich Nietzsche kann und will ich nicht aus dem Weg gehen. Diese herausfordernde Kritik kann durchaus als ein „negativer Beweis“ für die Stiftung der katholischen und apostolischen Kirche durch Jesus Christus selber verstanden werden. Ich gehe mit meiner Aussage so weit, daß ich feststelle: Wäre die Botschaft der Evangelien und damit auch die Person Jesu Christi die Erfindung von einem stilisierten Gottmenschen mit seinem Evangelium, dann hätte dieses Werk keine zwei Menschengenerationen überstanden. Das Lügengebäude wäre wie ein Kartenhaus in sich zusammengebrochen, und die Vertreter dieses Lügengebäudes hätten sich innerhalb kürzester Zeit derartig zerstritten, daß es niemals einen 2000jährigen Bestand der „Institution Kirche“ gegeben hätte. Tatsache ist nämlich: Die Evangelien und die neutestamentlichen Schriften sind nicht nur an verschiedenen Orten entstanden, sondern gehen auf ganz unterschiedliche Verfasser und deren Quellen bzw. persönliche Erfahrungen mit dem „Jesus-Ereignis“ zurück. Obwohl sich die Verfasser bzw. die ersten Glaubenszeugen teilweise untereinander überhaupt nicht kannten, stimmen ihre Aussagen in ihrer Botschaft vollkommen überein. Es geht um die radikale und bedingungslose Zuwendung des unsichtbaren Schöpfergottes zu dieser Welt und zu uns Menschen durch die Menschwerdung seines Sohnes. In dieser Menschwerdung hat sich Gott bedingungslos auf die Seite des bedrängten, gefährdeten und sterblichen Menschen gestellt. Der Sohn Gottes, Jesus Christus, hat sich unwiderruflich mit dem Schmutz dieser Erde, mit dem Blut und mit den Tränen von uns Menschen verbündet und ist uns in allem gleich geworden, ausgenommen die Sünde.

Alle Zeugen bzw. Zeugnisse erzählen von der „Katastrophe“ am Ende des Lebens Jesu. Wer so sterben muß in jungem Alter, den hat Gott offensichtlich im Stich gelassen und bestraft – „Verflucht der Gepfählte!“ (Gal 3,13).

In gleicher Weise werden Feigheit und Verrat, Angst und Zweifel bis hin zur Verleugnung der engsten Freunde Jesu dargestellt, die erst allmählich zu einem „Neudenken“ kommen durch die Erfahrung mit dem zu Tode verwundeten und sich in einer anderen, aber greifbaren Lebensweise darstellenden, lebendigen Jesus Christus.

Bei allen menschlichen Schwächen und Treulosigkeiten, bei allem Versagen gegenüber der Botschaft Jesu in der langen Geschichte der Kirche kann und muß in aller Deutlichkeit festgestellt werden: Es ist eine historische Tatsache, daß in der langen Glaubenstradition der Kirche kein einziger Papst aus den ursprünglichen Schriften des Neuen Testamentes etwas weggenommen oder verfälscht oder hinzugefügt hätte, um irgendein kirchenpolitisches Interesse oder eine Ideologie zu begründen und durchzusetzen.

Und das heißt?

Diese Tatsache kann nur dadurch erklärt werden, daß Jesus Christus selber in seiner Kirche „am Werk“ ist und durch den von ihm versprochenen Geist, der vom Vater und vom Sohn ausgeht, die Kirche in der Wahrheit erhält und vor Irrtum in bezug auf den Glaubensinhalt und die Lebenslehre oder Sittlichkeit bewahrt. Karl Rahner folgend kann man sagen: Das lebendige Wort Gottes, sprich der unbesiegbare Jesus Christus, geht in und mit seiner Kirche durch die Jahrhunderte und durch die Jahrtausende und bewahrt sie im Wesentlichen ihres Glaubens und ihrer Sitte vor Abfall und Irrtum!

Die in sich ungebrochene Glaubenstradition innerhalb der katholischen Kirche von Anfang bis zur Gegenwart ist eine für jedermann nachprüfbare Tatsache, und daraus erschließt sich auch das dankbare Zeugnis, daß die katholische Kirche unverfälscht in der Wahrheit Jesu Christi geblieben ist.

Die Unausweichlichkeit des Todes provoziert die große Menschheitsfrage: Was kommt danach? Stirbt es sich leichter, wenn man katholisch-gläubig ist?

Seit Anfang der Menschheitsgeschichte ist die Frage nach dem Tod und was danach kommt geradezu selbstverständlich. Zu Recht sprechen wir von dem Auftreten erster Menschen zu dem Zeitpunkt, als Lebewesen nach dem Ursprung ihres Daseins, nach dem Sinn und Ziel ihres Lebens und nicht zuletzt auch nach der Bedeutung ihres Todes gefragt haben. Es ist eine Tatsache, daß sich das „Lebewesen Mensch" mit dem Tod nie abgefunden hat und mit ganz unterschiedlichen Vorstellungen an ein Weiterleben nach dem Tod geglaubt hat. Ein deutliches Zeichen dafür sind die unterschiedlichsten Grabbeigaben, die durch die Archäologie gefunden wurden und auch sinndeutend erklärt werden. Damit kann auch festgestellt werden, daß es nie einen Menschen als völligen Atheisten gegeben hat, weil mit der Frage nach dem Sinn des Daseins und des Absterbens von dieser Erde wie von selbst auch die Frage nach Gott gestellt wurde.

Bis auf den heutigen Tag gibt es unterschiedlichste Vorstellungen über das „Weiterleben nach dem Tod". In neuerer Zeit haben sich die Vorstellungen vermehrt, die es allerdings auch schon im Altertum gab, daß der Mensch durch seine Werke, auch durch seine Kinder, weiterlebe. Gegenwärtig erfreut sich die Vorstellung von „Seelenwanderung" und „Wiedergeburt" einer gewissen Beliebtheit und wird erstaunlicherweise auch von manchen Christen geteilt.

Warum soll so etwas abwegig, der katholische Glaube hingegen richtig sein?

Für uns Christen ist es befreiend, daß Jesus in seiner Botschaft nirgendwo die Grenzerfahrungen des menschlichen Lebens ausklammert; er spricht von der Erfahrung des Leides und der Angst, von der Erfahrung der Krankheit und der Sünde und auch von dem unwiderruflichen Sterbenmüssen. Jesus war kein Träumer oder frommer Schwätzer, sondern er beschreibt ganz hart die Wirklichkeit unseres menschlichen Daseins mit den Höhepunkten von Glück, Freude und Liebe, aber auch die leidvollen Erfahrungen unseres Daseins bis hin zum bitteren Sterben.

Das älteste Zeugnis für die Wirklichkeit des Weiterlebens nach dem Tode finden wir im 15. Kapitel des ersten Korintherbriefes des Apostels Paulus. Die ersten Verse dieses Kapitels gehören zum „Urgestein" des christlichen Glaubens. Literarkritisch gesehen sind sie unmittelbar verbunden mit den Erfahrungen der Zeugen, die die Katastrophe und damit das Scheitern am Ende des Lebens Jesu erfahren haben und zugleich die „umwerfende Begegnung" mit dem Auferstandenen. In diesem Zeugnis – jeder sollte es im Originaltext lesen – benennt Paulus zwei sogenannte „Zeugenketten", die in sich eine Steigerung beinhalten. Als Höhepunkt der zweiten Zeugenkette bezeichnet er sich selbst – nicht als, wie zu schwach übersetzt, „Mißgeburt" – als „Mistgeburt", weil er die Kirche Jesu Christi verfolgt hat, aber durch die Begegnung mit dem auferstandenen Christus jetzt das ist, was er ist, nämlich ein Apostel, ein vom Auferstandenen auserwählter Glaubenszeuge.

Im Johannesevangelium bezeugt Jesus von sich selbst, daß er das „Leben in Fülle" hat (vgl. 10,10), und daß jeder, der zu ihm kommt und an ihn glaubt, den Tod nicht schauen wird in Ewigkeit (vgl. 11,25 f.). Bewegend ist das

Zwiegespräch des gekreuzigten Jesus mit einem der beiden Schächer. Der sagt zu ihm: „Jesus, denk an mich, wenn du in dein Reich kommst. Jesus antwortete ihm: Amen, ich sage dir: Heute noch wirst du mit mir im Paradies sein" (Lk 23,40–43). Diese Zusage hat Jesus bestätigt mit seinem Auferwecktwerden vom Tod, mit seiner sieghaften Auferstehung.

In diesem Zusammenhang sind folgende Feststellungen der gewachsenen Glaubenstradition bedenkenswert: Es gibt keinen „Ganztod", mit dem Tod ist nicht alles aus. Die menschliche Seele ist unsterblich und garantiert die Identität der irdischen und auferstandenen Person.

Viele Katholiken tröstet beim Gedanken an den Tod die Vorstellung, sie würden liebe Vorverstorbene wiedersehen. Wie stellen Sie sich das vor?

Wir werden unsere Verstorbenen, besser gesagt: die bei Gott Lebenden, wiedersehen. Wir können und müssen in unserem Glauben sogar davon ausgehen, daß wir in der Feier der heiligen Messe nicht nur der Verstorbenen gedenken und fürbittweise für sie bei Gott eintreten, sondern daß unsere Verstorbenen auch Interesse haben an unserem jetzigen Leben und für uns bei Gott eintreten.

Es besteht allerdings eine Grenze für den lebendigen Kontakt zwischen Verstorbenen und Lebenden durch die Trennung von Leib und Seele bei den Toten, da somit das Medium Leib für den Kontakt fehlt. Zu Recht gehen wir in unserer Glaubensüberzeugung davon aus, daß es eine dreifache Gemeinschaft der Heiligen gibt, die die Kirche ausmacht. Das Festgeheimnis von Allerheiligen und Allerseelen bringt dies besonders zum Ausdruck.

Die erste Gemeinschaft der Heiligen sind die Vorfahren unseres Glaubens, die in Gott die letzte Vollendung ihrer

Sehnsucht nach Liebe und Leben gefunden haben und die wir zu Recht als Vorbilder eines christlich gelebten Glaubens und als Fürsprecher am „Thron der Liebe“ verehren.

Die zweite Gemeinschaft der Heiligen sehen wir in unseren Verstorbenen, die sich noch in einem gewissen Läuterungsprozeß befinden, denen wie durch das Licht eines Feuers ihre Verfehlungen bewußt werden. Unter dieser Erkenntnis leiden sie und werden dadurch mit einer großen Sehnsucht nach der vollen Gemeinschaft mit Gott geläutert (vgl. 1 Kor 3,13–15). Dadurch ist das Fürbittgebet für die Verstorbenen sinnvoll und geradezu „notwendend“. Unsere Verstorbenen treten aber auch in gleicher Weise auf ihrem Weg zu Gott fürbittend für uns ein.

Die dritte Gemeinschaft der Heiligen ist die Gemeinschaft der auf Erden Lebenden, Glaubenden, die durch die Taufe als Söhne und Töchter Gottes ihren Pilgerweg auf dieser Erde mit Gottes Hilfe in guten wie schweren Tagen zurücklegen. „Heilig“ können sie deshalb genannt werden, weil sie durch die Taufe und die anderen Sakramente immer wieder neu eingebunden sind in die Gemeinschaft mit dem Vater, dem Sohn und dem Heiligen Geist, und weil sie dadurch ausgerichtet sind auf den lebendigen dreifaltigen Gott. Zu Recht sprechen wir deshalb von der „dreifachen Gemeinschaft“ der Heiligen, die untereinander im Fürbittgebet füreinander eintreten kann.

Ist Religion vielleicht doch bloß Ausdruck der Menschheitsangst, daß man Gast auf Erden ist und danach auf ewig nicht mehr existiert?

Der Vorwurf, Religion sei Angstbewältigung, ist alt und ähnelt dem, Gott sei nur eine Projektion, also ein Wunschgedanke. Nur bleibt die Frage, ob die Sehnsucht des Menschen nach einem Absoluten und nach Vollendung und die

Ahnung davon aus der puren Erfahrung der Endlichkeit zureichend erklärt werden können. Vielmehr ist mit den Kirchenvätern davon auszugehen, daß der Mensch a priori ein Wissen, eine Idee des Absoluten in sich hat. Dieses Wissen, verbunden mit einer starken Sehnsucht nach einem bleibenden und erfüllten Leben, wäre eine vollkommene Täuschung, wenn es dieses Leben nicht gäbe. Man müßte dann den Menschen mit seiner innersten Wissens- und Sehnsuchtsstruktur als eine Fehlkonstruktion bezeichnen.

Der Tod sei das Tor zum Leben, heißt es. Ist das katholische Einfachheit, Schlichtheit oder Autosuggestion?

Es geht nicht darum, das Unheimliche und Ängstigende des Sterbens und des Todes zu verharmlosen. Aber es gibt die christliche Hoffnung, daß der Tod nicht das endgültige Schicksal des Menschen ist.

Noch einmal: Ist hier katholische Autosuggestion am Werk?

Von einer „katholischen Autosuggestion" kann deshalb nicht die Rede sein, weil dann der Höhepunkt der Botschaft in den Evangelien, nämlich das Zeugnis von der Begegnung mit dem grausam getöteten Jesus von Nazareth und dem sich doch jetzt als lebendig zeigenden Christus, ebenfalls im Bereich der Suggestion anzusiedeln wäre, was bei den so unterschiedlichen Zeugnissen zu diesem Ereignis vollkommen irrig wäre.

Paulus sagt deshalb zu Recht: „Wenn es keine Auferstehung der Toten gibt, ist auch Christus nicht auferweckt worden. Ist aber Christus nicht auferweckt worden, dann ist unsere Verkündigung leer und euer Glaube sinnlos ... Nun aber *ist* Christus von den Toten auferweckt worden als der Erste der Entschlafenen ... Wenn Tote nicht auferweckt werden, dann laßt uns essen und trinken; denn Morgen sind wir tot. Laßt euch nicht irreführen!" (1 Kor 15,13–15.20.32 f.).

Was ist der Sinn des Lebens?

Die Sinnfrage gehört wesentlich zum Menschen als reflektierendem, geistbegabtem Wesen. Schon die Frage nach dem Sinn setzt anfanghaft ein Verständnis davon und ein natürliches Sehnen danach voraus, sonst würde sie gar nicht gestellt werden können. Einen treffenden Ausdruck findet die Sinnfrage, die sich in einer existentiellen Unruhe des Menschen zeigt, bei Augustinus: „Du hast uns auf dich hin geschaffen; und unruhig ist unser Herz, bis es Ruhe findet in dir." Die Sinnfrage mündet immer in die Gottesfrage, welche Antwort man auch darauf geben wird, denn es geht um die Frage nach dem Absoluten und der absoluten Erfüllung oder – wie es frühere Katechismen ausdrückten – nach der Erlangung der Glückseligkeit in der Anschauung Gottes *nach* dem irdischen Leben. Diese Ausrichtung auf ein „Endziel" über den Tod hinaus, auf die Vollendung des Lebens in Gott hin, macht das jetzige Leben durchaus sinnvoll. Zu Recht sprechen wir von „Teilzielen", die wir uns aus der Einschätzung unserer Fähigkeiten und Eigenschaften selbst stecken können und die wir als Glaubende dann auch mit dem Segen und unter der Führung Gottes erreichen können. Es hat Sinn, in Treue und Zuverlässigkeit zu lieben, weil die Liebe in Gott ihre endgültige Vollendung findet. Es hat Sinn, sein Leben opferbereit und auch pflichtbewußt zu gestalten, für andere Menschen da zu sein, weil eine Vollendung meines gesamten Menschseins in Gott begründet ist. Es hat Sinn, Krankheit, Leid und Tod auszuhalten, weil nicht das Böse und auch nicht der Tod das endgültige „Aus und Amen" sprechen, sondern das Leben, zu dem uns der auferstandene Christus wie durch ein dunkles Tal des Todes hindurchführen wird. Es hat Sinn, die Freuden des Lebens dankbar anzunehmen, weil alles Schöne und Frohmachende auf dieser Erde und in unserem Leben ein Vorgeschmack ist für das vollkommene Glück in Gott über alle Vergänglichkeit hinaus!

Kommt der Gute in den Himmel, der Böse in die Hölle?

Diese Frage ist engstens verknüpft mit der Frage, ob der Mensch einen freien Willen hat, und ob Gott diesen ernst nimmt.

Die Kirche hat nur Menschen zu Heiligen erklärt, bei denen sie die Gewißheit hat, daß sie aufgrund ihres vorbildlichen Lebenswandels schon in voller Gemeinschaft mit Gott sind. Umgekehrt jedoch hat die Kirche nie jemanden „in die Hölle erklärt“, also in die ewige Verdammnis.

Zu bedenken ist in Verbindung mit der Freiheit des menschlichen Willens, daß das Böse mehr oder weniger ein Mangel an Gutem ist. Das vollkommen Gute, die unbegrenzte Liebe ist Gott selber! Die ersten drei Kapitel des alttestamentlichen Buches Genesis zeigen das in einer sehr verständlichen und psychologisch eingängigen Erklärung. Je mehr sich der Mensch von Gott entfernt, je mehr er sich auf sich selbst zurückzieht, um so mehr nimmt der Mangel an Liebe und deshalb auch das Böse zu.

Gott will die Freundschaft und liebevolle Verbindung mit uns Menschen; er zwingt aber niemandem diese seine Liebe auf, weil er in seiner noblen Haltung die Freiheit des Menschen berücksichtigt.

Kann man einem aufgeklärten Europäer des 21. Jahrhunderts noch ganz selbstverständlich katholisch glaubhaft machen, es gäbe Himmel, Hölle, Fegefeuer und Teufel?

Gerade in unserer sogenannten „säkularen“ Gesellschaft wird sehr viel einerseits von Engeln, andererseits von Dämonen, ja sogar von Teufeln, die in gehörnter Gestalt erscheinen, gesprochen. Teufelskulte und damit Teufelsanbetung, Verschreibung an den Teufel verbunden mit Gotteslästerung sind wahrhaftig keine Seltenheit. Es gibt sogar Aufkleber für Fahrzeuge, die für den Satanismus werben.

Drastisch ausgedrückt kann im Gegenzug zu diesem Phänomen behauptet werden, daß in der Kirche, das heißt in Predigten so gut wie nicht mehr über Himmel und Hölle, über das Fegfeuer, über Teufel und Engel gepredigt wird. Vielmehr entsteht im kirchlichen Bereich der Eindruck, über „diese Dinge“ schamhaft einen Mantel auszubreiten, sich dazu in nobler Weise zurückzuhalten, um auf gar keinen Fall den Eindruck zu erwecken, man würde zu den Gestrigen oder gar Vorgestrigen gehören. Das Thema mit Himmel und Hölle und allem, was dazugehört, scheint im kirchlichen Bereich weitgehend der Vergangenheit anzugehören.

Wird durch dieses feige Verschweigen von biblischen Aussagen die Botschaft Jesu Christi nicht entscheidend verkürzt? Wird durch das Verschweigen dieses Teiles der Botschaft Jesu, die in den Evangelien herausfordernd dargestellt ist, Jesus selbst nicht verniedlicht und verharmlost?

Himmel, Hölle, Fegefeuer künden von Wirklichkeiten, die sich unserer Anschauung entziehen. Da aber die Wirklichkeit umfassender ist als die physisch und sinnlich erfaß- und meßbare, hat auch die Sprache mehrere Dimensionen, um diese Wirklichkeiten auszudrücken.

Der Mensch wurde von Gott mit einem freien Willen ausgestattet und ist für sein Denken und Handeln verantwortlich. Dies macht seine unnachahmliche Würde als Abbild Gottes aus, und die ist nicht ohne Letztverantwortung. Die Kirche lehrt deshalb, ich zitiere den Katechismus: „In Todsünde sterben, ohne diese bereut zu haben und ohne die barmherzige Liebe Gottes anzunehmen, bedeutet, durch eigenen freien Entschluß für immer von ihm getrennt zu bleiben. Diesen Zustand der endgültigen Selbstausschließung aus der Gemeinschaft mit Gott und den Seligen nennt man *Hölle*." Und zum *Fegefeuer* oder Purgatorium: „Wer in der Gnade und Freundschaft Gottes stirbt, aber noch nicht vollkommen geläutert ist, ist zwar seines eigenen Heiles sicher, macht aber nach dem Tod eine Läuterung durch, um die Heiligkeit zu erlangen, die notwendig ist, in die Freude des Himmels eingehen zu können."

Himmel, Hölle, Fegefeuer – begreifen läßt sich das kaum…

Mit diesen Aussagen des Katechismus der katholischen Kirche wird deutlich herausgestellt, daß es sich bei den Begriffen Himmel, Hölle und Fegfeuer nicht um die Beschreibungen von „Räumlichkeiten" handelt, sondern um geistige Zustände, die den Menschen in seinem innersten Wesen erfassen. Der *Himmel* beginnt bereits hier auf Erden, wenn der Glaubende sich täglich neu auf Gott ausrichtet und durch den Empfang der Sakramente immer wieder neu die tiefe Verbundenheit und Freundschaft mit Gott anstrebt und erlebt. Paulus drückt es sehr anschaulich im 2. Kapitel des Galaterbriefes aus: „Nicht mehr ich lebe, sondern Christus lebt in mir!" (Vers 20).

Hölle erfährt der Mensch dadurch, daß er sich wider alles bessere Wissen im Zustand einer grenzenlosen Überheblichkeit von Gott lossagt mit der ganz einfachen, aber folgenschweren Entscheidung: „Ich bin Herr meiner selbst! Ich bin Frau meiner selbst! Diesen Gott mag es geben oder nicht; ich brauche ihn nicht!" Einer derart total ablehnenden Haltung kann und darf sich die Liebe nicht aufzwingen, weder im zwischenmenschlichen Bereich, noch in der Beziehung Gottes zum Menschen. Absolute Lieblosigkeit und egoistisches Kreisen um sich selbst ist Hölle; hier auf Erden und gegebenenfalls für die Ewigkeit.

Bemerkenswert ist die Aussage des vierten Laterankonzils aus dem Jahre 1215, die sehr zeitgemäß klingt. Das Konzil erklärt, daß es nach den Aussagen des Alten und des Neuen Bundes, also der Bibel, eine Hölle als Zustand der totalen Gottesentfremdung und Gottesferne gibt, daß aber niemand, auch diese heilige Versammlung nicht, sagen könne, ob jemand in dieser Hölle sei. Ist diese Aussage nicht ungeheuer weise und zugleich auch nobel und menschlich?

Der Zustand des sogenannten *Fegefeuers* ist – wie bereits festgestellt – eine ganz große Chance und zugleich auch eine heilende Reinigung und Läuterung, die zum großen Ziel der vollendeten Gemeinschaft mit Gott führt. Diese Art der Läuterung kann schon teilweise in diesem Leben geschehen durch das geduldige, im Vertrauen auf Gott ertragene Kreuz und Leid. Sie wird dann unterstützt durch Bereitschaft zur Umkehr, durch Reue, Sündenbekenntnis und Wiedergutmachung im Sakrament der Buße.

Ist es eine Sünde, sonntags die heilige Messe zu versäumen?

Sünde ist für uns Christen gleichzusetzen mit Lieblosigkeit! Jesus Christus hat im 6. Kapitel des Johannesevangeliums angekündigt, daß er sich selbst mit seinem „Fleisch und Blut“ uns Menschen zur Speise geben wird und durch diese Speise in unser Innerstes einkehren wird, uns dadurch seine bedingungslose Liebe und sein bleibendes Leben schenken wird (Vers 53). Er bringt diese Zusage zu einem Höhepunkt, in dem er sagt: „Wer mein Fleisch ißt und mein Blut trinkt, hat das ewige Leben und ich werde ihn auferwecken am Letzten Tag, denn mein Fleisch ist wirklich eine Speise, und mein Blut ist wirklich ein Trank.

Wer mein Fleisch ißt und mein Blut trinkt, der bleibt in mir und ich bleibe in ihm. Wie mich der lebendige Vater gesandt hat und ich durch den Vater lebe, so wird jeder, der mich ißt, durch mich leben" (Joh 6,54–57).

Diese Verheißung macht Jesus wahr in der Feier seines Abendmahles mit den „Deuteworten" über das Brot: „Das ist mein Leib, hingegeben für euch – das ist der Kelch des neuen und ewigen Bundes, mein Blut vergossen für euch!" Jesus überhöht die Feier des jüdischen Paschamahles in seinem Abendmahl, in dem er sich selber zum Opferlamm macht und dadurch seine radikale Hingabe und Liebe für uns Menschen zum Ausdruck bringt. Diese Hingabe im Opfer seines Lebens, das Vergießen seines Blutes hat er wenige Stunden später im Erleiden einer grausamen Folter und einer menschlichen Verhöhnung, im Hingerichtetwerden am Holz des Kreuzes in die Tat umgesetzt. Nach der Erfahrung mit dem auferstandenen Christus haben die Apostel am ersten Tag der Woche, also am Auferstehungstag Jesu, an unserem Sonntag, den Auftrag Jesu aus dem Abendmahlsaal erfüllt: „Tut dies zu meinem Gedächtnis!" Besonders an diesem Tag haben sie dann in der immer größer werdenden Gemeinschaft der an Jesus Christus Glaubenden zum Zeitpunkt der aufgehenden Sonne, dem Sinnbild für den lebendigen Christus, in Richtung Osten das Abendmahl Jesu gefeiert, das sie bezeichnet haben als „Eucharistie"; als das größte Lob- und Dank-, Bitt- und Sühneopfer, als die größtmögliche und bleibende Verbindung zwischen Himmel und Erde. In jeder Eucharistie spricht der auferstandene Christus zu uns, aufbauend und wegweisend, auch mahnend; in jeder Eucharistie wird hier und jetzt seine Hingabe und sein Opfertod im Sterben am Kreuz gegenwärtig, wird hier und jetzt sein Sieg über den Tod echte Wirklichkeit und damit auch schon der Anfang seiner zweiten Wiederkunft. Deshalb das Bekenntnis: „Deinen Tod, o Herr verkünden wir, deine Auferstehung preisen wir, bis du kommst in Herrlichkeit!"

Sonntags stets die Messe zu feiern ist demnach grundlegend katholisch?

Aus Prozeßakten des Römischen Reiches geht ganz deutlich hervor, daß zu Zeiten der immer wieder auftauchenden Christenverfolgungen besonders auch die Teilnahme am christlichen Gottesdienst, an der sonntäglichen Eucharistie sehr streng, sogar bis zur Tötung der Betroffenen bestraft wurde. Auf Befragung dieser frühen Christen durch die heidnischen Richter ist in den Akten immer wieder die klare Bekenntnissaussage zu lesen: „Sine Dominica non possumus!" Unmißverständlich heißt das: „Ohne das Herrenmahl können wir nicht existieren!" Diese Überzeugung galt von Anfang an bis in die Gegenwart.

In den Konzentrationslagern der Nationalsozialisten haben Priester unter Lebensgefahr die heilige Messe gefeiert! Katholische Christen werden bis auf den heutigen Tag in Ländern diktatorischer Prägung, nicht zuletzt auch wegen der Feier der Eucharistie, verfolgt, eingesperrt und oft durch grausame Folter getötet.

Wenn ich wirklich katholischer Christ sein will, wenn ich mich um die Freundschaft Jesu und seine Liebe bemühe, muß ich dann nicht wie von selbst der Einladung Jesu aus dem Abendmahlsaal – „Tut dies zu meinem Gedächtnis!" – besonders am Sonntag entsprechen? Nicht nur Brot und Wein werden in Fleisch und Blut Christi gewandelt, sondern ich selbst werde ja auch durch sein wegweisendes Wort, durch die Vergegenwärtigung seines Kreuzestodes und seiner Auferstehung und nicht zuletzt auch durch den Empfang des Auferstehungsleibes Christi im Zeichen des heiligen Brotes hineingewandelt in seine grenzenlose Liebe, in sein unzerstörbares Leben. Aus der Feier der heiligen Messe sollte ich anders hinausgehen, als ich hineingegangen bin, als einer, der Gott immer mehr in sich trägt, als ein Befriedeter, als ein Verwandelter. Daran gar nicht teilzunehmen aus Gleichgültigkeit und Lässigkeit, aus Bequemlichkeit und Unachtsamkeit ist wirklich eine Sünde, eine schwere Lieblosigkeit gegen das Angebot der Liebe Gottes in Jesus Christus.

Vor kurzem sagte mir ein indischer Bischof auf meine Frage nach der Teilnahme der Gottesdienstbesucher am Sonntag in Indien: „Wer katholisch ist und es irgendwie ermöglichen kann, geht am Sonntag zur heiligen Messe!“ Daraus müßte sich für uns alle neu die ungeheuer befreiende und die kirchliche und familiäre Gemeinschaft stützende Überzeugung ergeben: „Der Sonntag gehört Gott und uns!“

Der Katholik Hans-Jochen Vogel erinnert sich daran, zu seiner Schulzeit habe es geheißen, die Verletzung des Sonntagsgebots sei eine Todsünde, wofür man in der Hölle büßen müsse. War das der Versuch von Machtausübung durch Angstmache?

Diese Erzählung von Hans-Jochen Vogel muß sehr ernst genommen werden, weil durch diese Aussage, wenn sie wirklich so erfolgte, zweifellos dem Schüler Hans-Jochen und auch anderen Schülern Angst gemacht worden ist. Durch derartige Drohungen kann und darf nie und nimmer die Bedeutung des sonntäglichen Gottesdienstes herausgestellt werden, da eine derartig bedrohliche Aussage eher das Gegenteil bewirkt und keinesfalls werbend ist.

Andererseits muß aber auch deutlich herausgestellt werden, daß im Gegensatz zu früher während der vergangenen Jahrzehnte die Sonntagspflicht zur Disposition gestellt worden ist und dadurch der Wert des christlichen Sonntags aufs höchste gefährdet wurde. Immer wieder gibt es – biblisch gesagt – Lügenpropheten, die in einer sich einschmeichelnden Weise den Gläubigen zu erzählen versuchen, das Sonntagsgebot habe keine Gültigkeit mehr, da die Freiheit des Christenmenschen absolut im Vordergrund stehe. Weiter wurde von diesen Leuten der Ratschlag gegeben, die Sonntagsmesse nur dann zu besuchen, wenn man sich dazu „in Stimmung" fühle, wenn man disponiert sei!

Stellen wir uns vor, daß ein verheirateter Partner mit seiner Frau oder auch gute Freunde und auch aufrichtige Bekannte nur dann miteinander sprächen, wenn sie in Stimmung wären, dadurch würde eine Ehe sehr schnell in eine gefährliche Krise kommen, eine Freundschaft und gute Bekanntschaft würden sich sehr schnell verflüchtigen. Wenn ich den anderen ernst nehme, dann muß ich ihn auch anhören wollen und auch mit ihm sprechen wollen, auch dann, wenn ich im Moment gerade nicht in Disposition bin. Durch das aufmerksame Hören aufeinander, durch das gegenseitige Ernstnehmen und durch das Austauschen von Argumenten wird eine menschliche Beziehung immer wieder neu aufgebaut, werde ich auch durch die Argumentation meines Gesprächspartners zum Nachdenken nicht nur angeregt, sondern komme in der Regel auch zu neuen und erweiterten Erkenntnissen.

Mit Gott Zwiesprache halten kann der Katholik doch auch zu Hause.

Gilt das, was ich soeben über menschliche Beziehungen und den Austausch von Argumenten gesagt habe, nicht in gleicher Weise für unsere Beziehung zu Gott? Hand aufs Herz: Wer von unseren Gläubigen liest regelmäßig im

Neuen Testament? Es wird ein ganz winziger Prozentsatz sein. Warum stelle ich das so fest? – Im ersten Teil der heiligen Messe, im Wortgottesdienst, wird die Botschaft des Alten und des Neuen Testamentes, seien es die Prophetentexte oder die apostolischen Briefe, verkündet und dadurch viel Anregung zum Nachdenken und Neudenken gegeben. Im Evangelium spricht Jesus selbst zu jedem einzelnen von uns. Seine Rede ist aufbauend und tröstend; ist informierend und will wahre Weisheit vermitteln; ist gleichzeitig aber auch oft mahnend und wegweisend, damit wir den Sinn unseres Lebens nicht verfehlen und keine Irrwege einschlagen.

In seiner Einladung, das Abendmahl mit ihm zu feiern, erfahre ich immer wieder persönlich neu die Macht seiner Hingabe und bedingungslosen Liebe; erfahre ich immer wieder neu die Hoffnung für den Sinn und Wert meines jetzigen Lebens und meines Daseins über den Tod hinaus; erfahre ich immer wieder neu durch die heilige Kommunion – wenn ich mich dazu würdig weiß – die innigste Verbindung zwischen dem Göttlichen und dem Menschlichen; die innigste Vereinigung zwischen Himmel und Erde. So gesehen ist das Geschehen der heiligen Messe, besonders der sonntäglichen Eucharistie, eine beständige und innige und treue Zwiesprache zwischen Gott und uns Menschen, der sich uns durch Jesus Christus in der Liebe, in der Führung und in der Einsicht des Heiligen Geistes ganz und gar schenkt. Wenn ich Gott und mich selbst ernst nehme, kann ich dann auf diese großartige „Konversation", auf diese großartige immer wieder neu aufgegriffene Gesprächsbereitschaft zwischen Gott und mir verzichten? Wohl kaum.

Selbstverständlich muß diese Wahrheit und die damit für mich verbundene Überzeugung Kindern und heranwachsenden Jugendlichen in einer angemessenen und werbenden Weise verdeutlicht werden, so daß sie selber die Sehnsucht haben, den Sonntag auch in der Beziehungspflege zu Gott zu feiern, und gern zum Gottesdienst gehen. Mit dem Gerngehen ist natürlich gemeint, daß es gegenüber dem Liebesangebot Gottes auch eine gewisse Verpflichtung gibt, die einen jeden einzelnen von uns herausfordert, wenn ich Gott wirklich ernst nehme und die Liebe und das Leben, das er mir durch Jesus Christus immer wieder neu schenken will.

Kurz gesagt: „Trimm dich!" – Bete wieder einmal! Geh am Sonntag zur heiligen Messe!

Wie stellt sich der Katholik Walter Mixa einst seine Verantwortung vor Gott vor? Wird Gott als Richter Ihnen im Jenseits nach Art eines Strafgerichts den Prozeß machen?

Als katholischer Christ Walter Mixa weiß ich um die Verantwortung, die ich vor Gott ablegen muß für mein Tun und Lassen. Dieses Wissen erfüllt mich nicht mit Angst, denn in der Liebe ist keine Angst, wie es im Johannesbrief heißt. Dieses Wissen erfüllt mich aber mit der Erkenntnis, die ich als Weisheit bezeichnen will. Ich habe mir nicht selbst das Leben gegeben; nicht wir Menschen haben das Universum mit einer für uns beinahe undurchschaubaren Gesetzmäßigkeit hervorgebracht; nicht wir haben die Vielfalt des Lebens auf unserer Erde geschaffen. Alles Geschaffene, besonders auch der Mensch in seinem wunderbaren Wachstum im Schoß seiner Mutter, ist ein ganz deutlicher Hinweis auf den einen und wahren Schöpfergott, der sich für uns menschlich erfahrbar gemacht hat in Jesus Christus. Die Kirchenväter sprachen deshalb oft von den „vestigia Dei", von den „Fußspuren Gottes". Diese Tatsache läßt mich selbst und auch einen jeden nachdenkenden Menschen erkennen, daß wir nicht Zufallsprodukte einer menschlichen Entwicklungskette sind, sondern daß wir vom ersten Augenblick unseres Daseins von Gott gewollt und geliebt sind. Gott hat jedem von uns besondere Fähigkeiten und Eigenschaften mitgegeben, die wir mit seiner Hilfe entfalten und nützen können zu unserer eigenen Persönlichkeitsreifung, aber auch zur Ehre Gottes, für die Menschen und die Aufgaben, die Gott uns anvertraut hat. Dieses Wissen läßt mich Ehrfurcht, vielleicht heute besser ausgedrückt: Respekt vor Gott haben. Daraus ergibt sich die selbstverständliche Tatsache, daß ich mein Leben nicht oberflächlich vertun kann, nicht krampfhaft nach Spaß in irgendeiner „Fun-Gesellschaft" suchen muß, um vermeintliches Glück zu finden, sondern daß das wahre Glück darin besteht, daß ich in der Verantwortung vor Gott, vor mir selbst und vor den mir anvertrauten Menschen und Aufgaben mein Leben gestalte und in rechter Weise nütze.

Im Rheinland, wo ich zuhause bin, tröstet man sich rheinisch-katholisch gerne damit, „dat d'r Herrjott nit janz so streng is".

Durch Jesus Christus und durch die Sendung des Heiligen Geistes hat Gott selber ganz deutlich gemacht, daß er liebender Vater aller Menschen sein will und daß er jedem Menschen helfen will, daß ihm in guten wie auch schweren Zeiten das Leben gelingt. Gott selber will uns so helfen, daß ich, daß wir bewußt und positiv leben können.

Es ist einsichtig, daß ich für das Geschenk meines Lebens auf dieser Erde vor Gott Rechenschaft ablegen werde, und daß ich gleichzeitig auch durch Jesus Christus auf seine Barmherzigkeit vertrauen kann, wenn mir aus menschlicher Begrenztheit und persönlicher Schwäche nicht alles so gelungen ist, wie ich es mir vorgenommen habe, und wie es Gott auch zu Recht von mir hätte erwarten können.

Gott ist als der Schöpfer und Herr des gesamten Universums und auch meines Lebens absolut ernst zu nehmen; mit seiner Barmherzigkeit darf kein Schindluder getrieben werden, aber ich darf mit seinem mitfühlenden Herzen und mit seiner Güte, die er im geöffneten Herzen Jesu einem jeden von uns schenkt, rechnen, wenn mich mein Versagen reut und ich meine Schuld bekenne.

Sie fürchten nicht, daß er sagen könnte: Du warst einer der hohen Repräsentanten meiner Kirche, die sich zu einer machtbewußten Institution mit Prachtentfaltungsdrang fehlentwickelt hat?

Zum ersten ist die Kirche von Anfang an bis zur Gegenwart eine „pilgernde Kirche“; vergleichbar einer Pilgerin durch die Jahrhunderte und durch die Jahrtausende. Damit ist sie auch durch ihre menschlich begrenzten Glieder „eine Kirche der Sünder“, die immer reformbedürftig ist und sich an der Person Jesu Christi und am Evangelium stets neu ausrichten muß.

Papst Johannes Paul II. hat dies im Unterschied zu anderen christlichen Konfessionen und erst recht zu anderen Religionen im Jubiläumsjahr 2000 mit deutlichsten Worten und Zeichen zum Ausdruck gebracht. Vor einem eindrucksvollen Kruzifix hat der Papst persönlich für alle Verfehlungen und Sünden der Glieder der Kirche in der Vergangenheit bis zur Gegenwart um Vergebung gebeten. Besonders eindrucksvoll war die Vergebungsbitte, die der damals schon altehrwürdige Papst bei seinem Besuch in Jerusalem in die Klagemauer hineingelegt hat: eine Bitte um Vergebung für all das Unrecht, das Christen in den vergangenen Jahrhunderten dem israelischen Volk bzw. jüdischen Gläubigen angetan haben. Bedeutende jüdische Journalisten stellten damals fest, daß diese Geste des greisen

Papstes unauslöschlich im Gedächtnis der Menschheit erhalten bleiben wird.

Wegen dieses Charaktermerkmals der Kirche als „Pilgerin und Kirche der Sünder“ ist die Bedeutung des Bußsakramentes nicht hoch genug einzuschätzen. Dieses Sakrament als Geschenk der verzeihenden Liebe Gottes ist das größte Geschenk des auferstandenen Christus, das er den Aposteln und deren Nachfolgern übertragen hat.

Das Geschenk, von dem Sie sprechen, wird aber nicht mehr gerne angenommen?

Dieses Geschenk des auferstandenen Christus muß in der Kirche radikal neu entdeckt werden, da durch das Eingeständnis von Fehlern und Sünden ein in der Gesellschaft weitverbreiteter Unschuldswahn erkannt und überwunden werden muß, und nur durch dieses Sakrament der Buße, des Neudenkens und Umdenkens der einzelne Christ als Pilger die „Teilziele“ und das „Gesamtziel“ seines Lebens nicht aus dem Auge verliert. Wenn der Nachfolger des hl. Petrus, der sichtbare Stellvertreter Jesu Christi auf Erden, der Papst selbst jede Woche das Bußsakrament empfängt, müßte sich dann nicht jedes Glied dieser pilgernden Kirche überlegen, mehrere Male während eines Kirchenjahres dieses größte Geschenk der verzeihenden Liebe Gottes in Anspruch zu nehmen und dadurch Mut zur christlichen Selbstentfaltung und Mut zum liebenden Bekenntnis des Glaubens zu bekommen?

Diese Anfrage zeigt deutlich, daß diese immer wieder reformbedürftige Kirche gleichzeitig auch mit dem traditionellen Begriff der „streitenden Kirche“ bezeichnet werden kann! Deshalb streitend, weil sich die Kirche in der innigsten Verbundenheit mit dem dreifaltigen Gott immer wieder gegen das aufkommende Böse, gegen Verirrungen und Glaubensabfall, gegen Fehlverhalten in den eigenen Reihen zur Wehr setzen muß. In gleicher Weise muß die Kirche gegen alle Versuchungen von menschlichen Unterdrückungsmechanismen, wie gottlose und menschenverachtende Diktaturen, angehen und gegen jede Art von Kriegstreiberei ins Feld ziehen und für die Erhaltung der Personwürde des einzelnen und für die Erhaltung des Friedens und einer größeren Gerechtigkeit im Zusammenleben der Menschen im wahrsten Sinn des Wortes streiten.

Streiten bis hin zum Märtyrertum? Sind Märtyrer die wahren Glaubenszeugen?

Ein weiteres Merkmal der Kirche Jesu Christi ist die immer wieder von Anfang ihres Bestandes bis zum heutigen Tag erlebte Verfolgung ihrer Glieder bis hin zum Blutvergießen. Die Kirche ist eine Kirche der Märtyrer, das heißt in Verbindung mit der streitenden Kirche eine für die Wahrheit von Gott, vom Menschen und von der Welt eintretende Kirche. Für diesen uneingeschränkten Einsatz der Wahrheit Gottes in Jesus Christus mußte sie von Anfang an bis auf den heutigen Tag immer wieder eine geistige Auseinandersetzung und den damit verbundenen Widerspruch mit dem Blut vieler ihrer Gläubigen bezahlen.

Während der Herrschaft der Nazis waren die ersten zum Konzentrationslager in Dachau Verurteilten die Kommunisten und die katholischen Christen, und dann mußten wegen des gottlosen Rassismus die Juden nachfolgen. In Dachau allein gab es einen Priesterblock mit über 2500 eingesperrten Priestern und Bischöfen, von denen viele hundert auf grausame Weise ums Leben kamen. Bis auf den heutigen Tag sind viele Glieder der Kirche um des Zeugnisses zum wahren Gott und zur Gemeinschaft der Kirche willen bereit, ihren Glauben mit dem Vergießen ihres Blutes zu besiegeln.

Es kann und darf nicht verschwiegen werden, daß eine Charaktereigenschaft der Kirche auch umschrieben wird als „Ecclesia triumphans – die triumphierende Kirche". Diese Charaktereigenschaft ist ausschließlich begründet durch die Wirklichkeit der Auferstehung Jesu Christi – durch seinen Sieg über alles Böse und über den Tod. Zur triumphierenden Kirche gehört auch die erfahrene Wirklichkeit, daß vom Anfang bis zur Gegenwart jugendliche Menschen, Frauen und Männer in unterschiedlichen Lebensständen den Glauben in Wort und Tun beispielhaft und wegweisend gelebt haben. Sie werden deshalb zu Recht als „Vorfahren" unseres Glaubens bezeichnet; als Selige und Heilige verehrt. Die triumphierende Kirche erfährt sich auch immer wieder neu in ihren zur Verherrlichung Gottes und zum geistlichen Aufbau der Gläubigen festlich gestalteten Gottesdiensten und will und kann durch diese Art der Gottesverehrung und -anbetung schon einen kleinen Glanz der künftigen Herrlichkeit, des endgültigen Durchbruches des Reiches Gottes, zum Ausdruck bringen.

Eine sehr bewegende Darstellung für den Durchbruch des Reiches Gottes am Ende der Zeit findet sich in dem letzten Buch des Neuen Testamentes, in den Kapiteln 5, 19 und 20 der Offenbarung des Johannes.

Noch einmal zum Thema Märtyrer: Wofür würden Sie Ihr Leben hingeben?

Diese Frage ist schwer zu beantworten und zugleich aber auch durchaus realistisch.

Wenn ich als katholischer Christ meiner Berufung zum Christsein und jetzt auch zum priesterlichen und bischöflichen Dienst treu bleibe, dann ist eine logische Folgerung dieser Treue, daß ich mich immer wieder neu einsetze für die „Ehre Gottes" und auch für das geistige, seelische, aber auch leibliche Wohl und Heil des Menschen. Ein solcher Einsatz für den Glauben, der nur in Liebe auch beständig und treu ist, und damit auch der Hilfe Gottes bedarf, ist eine Form der Hingabe.

Ich habe vor jedem Christen eine große Achtung, der durch Jahrzehnte bis zum Ende seines Lebens in Treue zu Gott und auch in der treuen Pflichterfüllung gegenüber dem Nächsten bis an sein Lebensende diesen Pilgerweg in Glaube, Hoffnung und Liebe geht. Zugleich habe ich aber auch die Hoffnung, daß ich bei extremen Herausforderungen mit der Gnade Gottes meinen Glauben nicht verleugne, sondern für ihn eintrete und auch bereit wäre, Gewaltanwendung zuzulassen.

Sind die sich überlegen dünkenden, um ihre Herrschaft besorgten Schriftgelehrten, die einst den Abweichler Jesus von Nazareth bekämpften, nicht vergleichbar mit so manchem Dogmatiker auf Kurien- und Bischofsstühlen?

Die Schriftgelehrten und auch die Pharisäer waren sicher darauf bedacht, ihren Einfluß beim Volk der Israeliten zu sichern und dadurch auch eine gewisse Herrschaft über das Volk ausüben zu können. Es wäre aber zu einfach und gleichzeitig dem damaligen theologischen Hintergrund nicht angemessen, wollte man beide Personengruppen nur als herrschsüchtig, eifersüchtig und machtgierig bezeichnen. Mit dem einen oder anderen von ihnen pflegte Jesus persönliche und freundschaftliche Gespräche (etwa das nächtliche, vertrauensvolle Gespräch zwischen Jesus und Nikodemus; Joh 3,1–13). Die Schriftgelehrten und Pharisäer waren absolut davon überzeugt, daß sie zum einen mit ihrer gültigen Vorstellung von Gott – Jahwe: „Ich bin der ich bin; ich bin für dich da!“ – allen anderen sehr vermenschlichten Gottesvorstellungen anderer Kulturen und

Religionen überlegen sind und diese Gottesoffenbarung nicht verwässern lassen dürfen. Zum anderen waren sie auch zu Recht der Überzeugung, daß Gott, Jahwe, der Herr des Himmels und der Erde, sich durch den Bundesschluß mit der Lebensordnung der Zehn Gebote am Berg Sinai dem Volk Israel in besonders liebender Weise zugewandt hat. Die Auslegung dieser Lebensordnung des Dekalogs war den Schriftgelehrten und Pharisäern vorbehalten und hat sich im Laufe der Zeit zu einer fast kleinlichen und den Menschen auch bedrückenden Gesetzesauslegung entwickelt.

Im Gegensatz dazu hat Jesus die Zehn Gebote keinesfalls abgelehnt, sondern in einer Weise vertieft, wie das bisher nicht der Fall war. Diese Vertiefung erfolgte durch die Liebesforderung, die sich auf Gott ausrichtet, die sich auf die Wertschätzung des eigenen Lebens bezieht; die nicht nur die Nächstenliebe, sondern sogar die Feindesliebe mit einbezieht. Auch die Seligpreisungen (Mt 5,1–12) und das Vaterunser (Mt 6,5–15) sind Botschaften, die mit der Gesetzesvorstellung vieler Schriftgelehrter und Pharisäer nicht in Einklang zu bringen waren. Die gesamte Bergpredigt Jesu (Mt 5, 6 und 7) beinhaltet eine Herausforderung gegenüber den herkömmlichen Vorstellungen von Gott und einem gottgefälligen Leben. Aus diesem Grund mußte es zu einem Zusammenstoß, zu einer großen geistigen Auseinandersetzung kommen, die Jesus mit seiner Lebenshingabe aus Liebe im Leiden und Sterben am Kreuz endgültig, das heißt für immer beendete.

Was ist nun mit der Vergleichbarkeit zwischen Schriftgelehrten von einst und Dogmatikern unserer Tage in Violett oder Purpur?

Es ist zu leicht und auch zu oberflächlich, Theologen und Bischöfe, die für die Reinerhaltung der biblischen Botschaft eintreten, mit den herrschsüchtigen Schriftgelehrten und Pharisäern zur Zeit Jesu gleichzusetzen. Sicher gilt die Volksweisheit „Der Ton macht die Musik." In Verbindung mit der Liebesforderung Jesu darf sich kein in der Kirche Verantwortlicher zu willkürlichen „Herrschaftsmaßnahmen" verleiten lassen. Jeder Dienst in der Kirche, die ehrenamtlichen und hauptberuflichen Laiendienste, der Dienst des Diakons, des Priesters, des Bischofs und des Papstes sind Dienste für Gott und die Menschen. Besonders die sakramentalen Weihedienste stehen unter dem hohen Anspruch, die Botschaft Jesu, die sich in den Evangelien, in den apostolischen Briefen und im Glaubensbekenntnis niederschlägt, in einer zeitgemäßen, das bedeutet gut verständlichen, aber zugleich auch unverkürzten Weise darzustellen. Der sakramentale Weihedienst hat so gesehen auch eine gewisse Wächterfunktion. Die Wahrheit von Jesus muß in einer verbindlichen und einladenden Weise verkündet werden, gleichzeitig dürfen aber auch die Herausforderungen Jesu, die seine Botschaft enthält, nicht verniedlicht werden.

Christentum darf nie und nimmer auf das allgemeine Lebensrezept verkürzt werden: „Seid nett zueinander!" Christentum heißt vom Anfang des Jesus-Geschehens an bis heute: „Ich glaube dir Jesus, dem Christus!" Dieses wohl kürzeste Glaubensbekenntnis, das in den Paulinischen Schriften viele Male ausgesprochen wird, drückt einen hingabebereiten und vertrauensvollen „Beziehungsglauben" aus. Es geht nicht primär um irgendwelche Lehrmeinungen; es geht auch nicht um ein besonders qualifiziertes moralisches Lebensprinzip. Es geht um mehr! Es geht darum, daß der unsichtbare Schöpfergott, der Herr des Himmels und der Erde, sich uns ein für allemal in der Menschwerdung seines Sohnes schenkt; daß dieser Sohn der am Kreuz geschundene und zerstörte Jesus von Nazareth ist; daß dieser Sohn aber auch der Christus, das heißt der vom Tod auferweckte Mensch und damit Sohn Gottes ist.

Diese einmalige Offenbarung Gottes in menschlicher Zeit und Geschichte müssen die Glaubenshüter, ob sie Theologen oder Bischöfe, ob sie Priester, Diakone oder Religionslehrer sind, in einer gewinnenden Deutlichkeit verkünden und dürfen sie niemals aus purer Gefälligkeit verkürzen oder gar verniedlichen.

In der heute stark von den Medien bestimmten Gesellschaft ist allerdings die Gefahr sehr groß, daß besonders ein „Lehrer der Kirche", der sich gegen eine Verwässerung des Glaubensbekenntnisses zur Wehr setzt und dementsprechend einen selbsternannten Heilspropheten maßregelt, schnellstens in die Kritik vieler Meinungen kommt und sicher allgemein keine gute Presse hat.

Für jeden Lehrer und damit auch für jeden Repräsentanten in der Kirche gilt das Wort Jesu: „Ihr wißt, daß die Herrscher ihre Völker unterdrücken und die Mächtigen ihre Macht über die Menschen mißbrauchen. Bei euch soll es nicht so sein, sondern wer bei euch groß sein will, der soll euer Diener sein, und wer bei euch der erste sein will, soll euer Sklave sein. Den auch der Menschensohn ist nicht gekommen, um sich dienen zu lassen, sondern um zu dienen und sein Leben hinzugeben als Lösegeld für viele" (Mt 20,25–28).

Dieser Anspruch ist insbesondere für jeden durch das Weihesakrament beauftragten Christen eine tägliche Herausforderung, die sich aber auch darin zeigt, der Wahrheit von Jesus Christus das Wort zu reden und nicht in einer falsch verstandenen Toleranz oder gar in einem „Toleranztaumel" das „eigentlich Christliche" zu verschweigen.

II. Die Spaßverderberin

Wieviel verschämte Leibfeindlichkeit steckt hinter der katholischen Lehre über Sexualität und Sünde? Muß man hier nicht geradezu von Scham- und Schuldzucht sprechen?

Die Schöpfung als solche ist von Gott als gute gewollt und geschaffen. Also ist die menschliche Geschlechtlichkeit ein Gut: ein Teil jenes Schöpfungsgeschenkes, von dem Gott sah, daß es „sehr gut" war. Und weiter: „Als Mann und Frau schuf er sie" (Gen 1, 27). Die Geschlechtlichkeit ist ein Weg, sich dem anderen zu nähern und zu öffnen. Ihr eigentliches Ziel ist somit die Liebe – genauer gesagt: die Liebe als Geschenk und Annahme, als Geben und Nehmen. Leibfeindlichkeit wäre demnach eine Mißachtung des wesentlichen Gutseins der Schöpfungswirklichkeit. Allerdings ist der Mensch als Geistwesen aufgerufen, seine Triebe zu ordnen.

Ein bekannter Psychiater hat einmal gesagt: „Wird Sexualität nur auf den ‚Akt' reduziert ... entgleist sie oft zur ungehemmten, aber auch unbefriedigenden Sucht im Stile eines Fastfood-Sex" (Manfred Lütz). Von einer „verschämten Leibfeindlichkeit" kann überhaupt nicht die Rede sein, es geht um die Verantwortung gegenüber sich selbst und gegenüber dem anderen. Im Gegensatz zur reinen Arterhaltung, beispielsweise bei der Fortpflanzung im tierischen Bereich, ist die menschliche Sexualität und damit auch die mögliche Weitergabe des Lebens grundgelegt auf dem Fundament gegenseitiger Achtung und Verläßlichkeit, das heißt gegenseitiger Liebe, die dem Partner für ein ganzes Leben – auch im Vertrauen auf die Hilfe Gottes – versprochen wird. Von Sünde ist immer dann die Rede, wenn es sich um ein Fehlverhalten gegen die Liebe handelt; ein Fehlverhalten, das in der Regel mit Egoismus und Den-anderen-besitzen-Wollen verbunden ist.

Und das wollen Sie Kindern und Jugendlichen erzählen?

Selbstverständlich muß mit Kindern und Jugendlichen in einer verständlichen und achtungsvollen Weise über den Körper, über die Geschlechtsorgane und über die Veränderungen der Leiblichkeit im menschlichen Reifungsprozeß gesprochen werden. Dazu gehört auch das offene Gespräch über das Erwachen des Geschlechtstriebes und die damit verbundene körperliche Erfahrung von Samenerguß bzw. monatlicher Regelblutung. Über die unterschiedliche biologische Ausstattung und die Andersartigkeit von Mann und Frau muß freimütig gesprochen werden; es wird auch die mögliche Erfahrung von Selbstbefriedigung ins Gespräch kommen und in Verbindung damit der Hinweis, sich nicht von Trieben beherrschen zu lassen, sondern in einem Prozeß der Selbstdisziplin die Triebe beherrschen zu lernen und zu einer echten Freiheit zu kommen. Jeder Trieb kann außer Kontrolle geraten. Der Selbsterhaltungstrieb kann sich so zum Beispiel zu einem gefährlichen Machttrieb entwickeln.

Übertreibt es die Kirche da nicht mit ihrer Sexualmoral?

Es ist nicht ausgeschlossen, daß es auch in der Kirche periodenweise zu einer Überbetonung sexueller Verfehlungen gekommen ist und Menschen in bedrückender Weise unter dem Gefühl einer zu großen „Scham- und Schuldzucht" litten. Derartige Erfahrungen sind aber nicht ausschließlich als „menschenunterdrückende Fehlleistungen der Kirche" herauszustellen, sondern sind im Gesamt der gesellschaftlichen Situation zu sehen. Beispielsweise hat sich das

Christentum auch deshalb so schnell ausgebreitet, weil die Frau als gleichwertige Partnerin auf die Seite des Mannes gestellt wurde und die Ehe als Sakrament, als Geschenk der Liebe Gottes, verkündet wurde.

In der Zeit von Renaissance und Barock war die Lebensfreude im allgemeinen sehr groß, und so gab es wahrscheinlich kaum eine verklemmte Sexualität, da der Mensch ganzheitlich als Einheit von Geist, Seele und Leib gesehen wurde.

Hingegen hat es im 19. Jahrhundert, auch durch pietistische Strömungen im protestantischen Bereich, eine weniger freimütige, sachgerechte und personenbezogene Behandlung der Sexualität gegeben.

In unserer Gesellschaft sind wir geradezu in eine gegenteilige Haltung verfallen, die mit Libertinismus, mit vollkommener Freizügigkeit, bezeichnet werden muß. Gleichgeschlechtliche Beziehungen werden unbesehen auf dieselbe Ebene gestellt wie eheliche Beziehungen und eine damit verbundene mögliche Familiengründung. Das Ausleben der Geschlechtlichkeit, vielfach ohne jede bewußtere Ausdrucksweise gegenseitiger Verantwortung, gilt in einer Spaßgesellschaft als Ausdruck größtmöglicher „Freiheit". Eine derartige Einstellung ist der Personwürde des christlichen Menschenbildes und damit der ganzheitlichen Sicht vom Menschen diametral entgegengesetzt.

Was haben Frohe Botschaft und Gottesglaube damit zu tun, daß man vor der Ehe sexuell enthaltsam leben soll?

Es ist heute nicht einfach, die geschlechtliche Enthaltsamkeit, also die Keuschheit vor dem endgültigen Jawort, das sich Mann und Frau bei der kirchlichen Trauung geben, zu erklären und als wirklich menschenwürdig herauszustellen.

Erinnern wir uns aber, daß es auch bei den gläubigen Juden keine vorehelichen geschlechtlichen Beziehungen gibt. Auch in den Naturreligionen werden junge Frauen und Männer erst dann zusammengeführt, wenn sie nicht nur geschlechtsfähig sind, sondern auch eine gegenseitige Verantwortung füreinander übernehmen können. Auch im islamischen Kulturbereich gibt es die voreheliche Enthaltsamkeit, gibt es Keuschheit.

In unserer freizügigen Gesellschaft hat sich erstaunlicherweise bei nicht wenigen Jugendlichen eine sehr verantwortungsbewußte und achtungsvolle Einstellung in bezug auf voreheliche Beziehungen durchgesetzt. Nicht eine verklemmte Einstellung zur Sexualität, sondern eine besondere Erkenntnis ist dafür wegweisend, nämlich die: Sexualität ist etwas sehr Ernsthaftes und Hingebendes zwischen meinem Partner und mir. Sexualität darf nie bloß als Triebbefriedigung, als Lustgewinn für wenige Augenblicke gesehen werden, weil sich dann die Erfahrung breitmachen könnte: „wie wenn nichts geschehen wäre". Eine oberflächliche, nur auf den gegenwärtigen Lustgewinn ausgerichtete Sexualität wird von nicht wenigen Jugendlichen als menschenunwürdig empfunden, weil es bei einer solchen Haltung sehr leicht zu Ausbeutung und Verletzung kommen kann. Viele, die gerade in diesem äußerst sensiblen Bereich der Intimität Erfahrungen des Benutzt- und Mißbrauchtwerdens gemacht haben, sind so enttäuscht, daß sie resignierend dazu neigen zu sagen: Liebe gäbe es gar nicht, das sei ein frommes Geschwätz der Pfaffen. Nicht selten ist mir das aus der Erfahrung enttäuschter Liebe, von Rücksichtslosigkeit und Treulosigkeit, gesagt worden.

Deshalb ist es wichtig, gerade heute im Freundes- und Bekanntenkreis mit jungen Erwachsenen über einen verantwortungsvollen und menschenwürdigen Umgang mit der Geschlechtlichkeit zu sprechen.

Aber warum bedarf es zum verantwortungsvollen Umgang mit Sexualität der Ehe?

Sicher wird im christlichen Menschenbild hinsichtlich der Vorbereitung auf die eheliche Lebensgemeinschaft und im Hinblick auf gelebte christliche Ehe ein idealer Maßstab angesetzt. Diese hohen Anforderungen hängen damit zusammen, daß die Ehe ein hohes Gut ist. Damit ist verbunden, daß der sexuelle Akt als innigster Ausdruck der Verbindung und Verbundenheit zweier Menschen – Mann und Frau – allein der Ehe vorbehalten ist.

Die Ehe ist Bild der unauflöslichen Treue Gottes zu seinem Bund bzw. Christi zu seiner Kirche und umgekehrt (Eph 5,21–33). Diese Innigkeit hebt Jesus selbst hervor: „Habt ihr nicht gelesen, daß der Schöpfer die Menschen am Anfang als Mann und Frau geschaffen hat und daß er gesagt hat: Darum wird der Mann Vater und Mutter verlassen und sich an seine Frau binden, und die zwei werden ein Fleisch sein? Sie sind also nicht mehr zwei, sondern eins. Was aber Gott verbunden hat, das darf der Mensch nicht trennen“ (Mt 19,4 ff.). Der Katechismus der katholischen Kirche schreibt: „Der tiefste Grund“ – ich ergänze: für die Treue in der ehelichen Liebe – „liegt in der Treue Gottes zu seinem Bund und in der Treue Christi zu seiner Kirche. Durch das Sakrament der Ehe werden die Gatten fähig, diese Treue zu leben und sie zu bezeugen. Durch das Sakrament erhält die Unauflöslichkeit der Ehe einen neuen, tieferen Sinn.“

Ein weiterer wesentlicher Aspekt ist der, daß der eheliche Akt nicht getrennt werden darf von der Weitergabe menschlichen Lebens. Hier beteiligen sich Mann und Frau als Ebenbild Gottes nämlich in einzigartiger Weise am Schöpfungswerk Gottes, in dem sie ihre Zweisamkeit öffnen für die Liebe zum Kind.

III. Der ewige Ich-ling

Nach 20 Jahrhunderten christlicher Verkündigung ist der Mensch immer noch des Menschen Wolf. Woher nimmt der Katholik Walter Mixa dennoch seine Zuversicht, daß der Homo sapiens noch zur katholischen Vernunft kommen werde?

Es gehört unweigerlich zur Grundeinstellung des katholischen Christen, daß er die Hoffnung nicht aufgeben darf.

Nicht zuletzt die weltweite und vollkommen unvorhersehbare Anteilnahme – von Millionen von Menschen in Rom, von Milliarden von Menschen durch Benutzung der Medien – am Sterben von Johannes Paul II. hat gezeigt, daß der Mensch sich mit einer rein oberflächlichen und materialistischen Denk- und Lebensweise auf die Dauer nicht zufrieden gibt. Die Ereignisse in Rom mit den Begräbnisfeierlichkeiten, mit dem Interesse am darauf folgenden Konklave und an der Amtseinführung von Papst Benedikt XVI. zeigen deutlich, daß jeder Mensch immer wieder die Frage nach einem tieferen Sinn für sein Dasein, für den Wert seines Lebens stellt und eine unauslöschliche Sehnsucht nach Beheimatung und wahrem Leben hat. Die Masse der esoterischen Literatur und die Unzahl von sektenähnlichen Bewegungen bis hin zu Teufelskulten sind ein eindeutiger Beweis für diese eben angesprochene, urmenschliche Tatsache.

Sind wir Menschen nicht doch geborene Ich-linge?

In Verbindung mit der Vernunft ergibt sich wie von selbst ein Vergleich zwischen den unterschiedlichen Daseinsentwürfen und Gottesbildern zum christlichen Menschenbild in Verbindung mit dem christlichen Gottes- und Weltbild.

Es gehört ungefragt zu unseren menschlichen Erfahrungswerten, daß sich der Mensch aus eigener Kraft, mag er noch so bemüht und tugendhaft sein, nicht vom Bösen, nicht von der Sünde als Ausdrucksform unterschiedlicher Lieblosigkeiten und schon gar nicht vom Tod befreien kann.

Der atheistische Philosoph Jean-Paul Sartre stellt in seinen Schriften die Bedeutung der menschlichen Eigenverantwortung in Verbindung mit dem Bemühen um humane Verhaltensweisen sehr deutlich heraus. Gleichzeitig muß er aber gestehen, daß gegen den Tod „kein Kraut gewachsen ist", und daß der Heroismus des einzelnen Menschen darin besteht, sich – trotz der Ausweglosigkeit, dem Tod zu entkommen, und dadurch dem Sinnlosigkeitsverdacht des gesamten Lebens zu verfallen – nicht das Leben zu nehmen, sondern einfach durchzuhalten. Eine düsterere Lebensperspektive kann es ja wohl nicht geben!

Gegen alle verkrampften Versuche durch verschiedene Arten von Selbsterlösung – bis hinein in hinduistische und buddhistische Meditationsversuche – setzt sich dann immer wieder auch die grundmaterialistische Zielvorstellung durch: „Iß und trink und laß dir's gut gehen, denn morgen bist du tot!" Nicht wenige Menschen unserer gegenwärtigen Gesellschaft huldigen dieser sehr auf sich selbst bezogenen Lebenshaltung, beschweren sich aber gleichzeitig immer wieder mit großen Worten über den „Werteverfall", über zunehmenden tödlichen Egoismus und über menschenverachtende Ellenbogenmoral, auf neudeutsch „Mobbing". Diese Tatsachen zeigen, daß es dringend notwendig ist, in einer verbindlichen und ebenso klaren Darstellungsweise die Irrungen und Verfehlungen der angesprochenen Daseinsentwürfe und Lebensmodelle herauszustellen!

Werde oder sei einfach katholisch! Ist das die Botschaft, ist das der *Verkaufsschlager?*

Gibt es eine bessere Botschaft als die, daß jeder Mensch von Gott in gleicher Weise nicht nur geschaffen, sondern auch geliebt ist; daß jeder Mensch dem anderen gleichwertig in seiner personalen Würde gegenübersteht? Gibt es eine bessere Weise der Gotteserfahrung als die, daß durch die Menschwerdung seines Sohnes sich der unsichtbare Schöpfergott unwiderruflich auf die Seite des Menschen stellt; daß er sein Herz durch Jesus – in der Krippe, am Kreuz, in der Auferstehung – an einen jeden von uns hängt, daß er will, daß das Leben uns gelingt in guten wie in schweren Zeiten und daß dieses Leben über den Tod hinaus bei ihm die endgültige Erfüllung findet? Gibt es für den mitmenschlichen Umgang eine bessere Wegweisung, wo doch durch die Menschwerdung Jesus Christus unser Bruder geworden ist und durch ihn Gott selbst liebender Vater aller Menschen? Wird dadurch nicht notwendigerweise ein humaner Umgang der Menschen untereinander eingefordert?

Diese Botschaft ist es unweigerlich wert, daß sie immer wieder in neuer und geeigneter Weise, vor allem auch ansprechend offensiv und bekennend, in die Gesellschaft hineingetragen wird und bis an die Grenzen der Erde. Nur so kann eine hoffnungsvolle Sinnstiftung für unser menschliches Dasein vermittelt werden! Nur so kann und muß immer wieder aufs neue mit der Hilfe Gottes dem Bösen der Kampf angesagt werden! Nur so kann und muß immer wieder neu der Versuch gewagt werden, daß der Mensch nicht zum „Wolf des Menschen" wird. Durch die so beschriebene „katholische Vernunft" kann auch für die Zukunft der Homo sapiens mit Zuversicht und gesundem Selbstbewußtsein seinen Weg gehen und sein Leben meistern.

Das verstorbene deutsche Boxidol Max Schmeling, 1965 aus der (evangelischen) Kirche ausgetreten, wurde in der Trauerfeier in

Hamburg so zitiert: „Ich habe mich immer so verhalten, als ob es einen Gott gibt." Warum genügt es nicht, daß man einigermaßen anständig und gewissenhaft durchs Leben geht? Was macht ein gläubiger Katholik besser?

Es muß nicht bezweifelt werden, daß Max Schmeling in einer für ihn wichtigen Anbindung an Gott – wie immer er ihn sich vorgestellt hat – versuchte, sich verantwortungsbewußt vor diesem seinem Gott und vor den Menschen zu verhalten. Worin hat er sich von einem gläubigen Katholiken unterschieden?

Der gläubige Katholik muß nicht von vornherein ein besserer Mensch sein, was immer das auch heißen mag – in Verbindung mit der Anfrage, ob ein solcher Vergleich überhaupt möglich ist.

Der gläubige Katholik kann zu Recht von der Gewißheit ausgehen, daß er nicht an irgendeine unbeschreibbare und damit auch unberechenbare göttliche Macht glaubt, sondern daß sich der unsichtbare Schöpfergott, der auch heute von vielen Naturwissenschaftlern als Ursprung und Erhalter alles Geschaffenen gesehen wird, in einer sehr menschlichen Weise uns Menschen geschenkt hat. Im Matthäusevangelium (1,18–25) wird Joseph, dem Verlobten Mariens, in einer nächtlichen Gotteserfahrung eindringlich die Bitte nahegebracht, das Kind, das Maria erwartet, als verantwortlicher Pflegevater anzunehmen und diesem Kind den Namen „Jesus" zu geben. Name ist Programm! Jesus heißt nämlich: „Gott will das Heil." In Verbindung mit dieser Namensgebung wird auch auf das alttestamentliche Prophetenwort verwiesen, daß das Kind, das die Jungfrau gebären wird, den Namen „Immanuel" haben wird, und der heißt übersetzt: „Gott ist mit uns."

Durch diese Tatsache der Menschwerdung Gottes in unserem Fleisch und Blut, durch das Ereignis der grausamen

Kreuzigung und der darauf folgenden glorreichen Auferstehung kann der gläubige Katholik darauf vertrauen, daß Gott ihn persönlich mit seiner bedingungslosen Liebe beschenkt, daß er ihn persönlich beim Namen ruft, daß er für ihn persönlich das Heil will im täglichen Auf und Ab des irdischen Lebens und für die Ewigkeit. Jesus ist uns in seiner Menschwerdung gleich geworden, ausgenommen die Sünde, und hat sich damit auf wunderbare Weise mit uns identifiziert. Er möchte Gott und Bruder eines jeden Menschen sein. Weil Jesus uns in diesem Glauben nicht allein lassen wollte, hat er die Kirche begründet. Seinen Aposteln hat er den Auftrag gegeben, unter der Führung des Heiligen Geistes die befreiende Botschaft von der Liebe Gottes zu allen Menschen bis an die Grenzen der Erde zu tragen. In den Sakramenten vertraut sich Jesus selbst den Aposteln an und begründet durch die geistgeführte Wort-Gottes-Verkündigung und durch die Spendung der Sakramente bis zum Ende der Zeit und Geschichte seine Kirche. Davon zeugen die Abendmahlsberichte in den Evangelien.

Der Katholik hat eine geistige Heimat, ein festes Dach überm Kopf. Ist es das, was Sie ausdrücken möchten?

Ich will es so sagen: Durch die ungebrochene und unverfälschte Weitergabe der Person Jesu und seiner Botschaft während der 2000jährigen Kirchengeschichte hat der katholische Christ die Gewißheit, daß er zum einen nicht für sich allein mehr oder weniger zweifelnd glaubt, sondern daß er eingebunden ist in die weltweite katholische Glaubensgemeinschaft der Kirche, durch die überall bis an die Grenzen der Erde das unverfälschte Wort Gottes verkündet wird und durch die er überall, egal in welchem Land oder Kontinent, die Liebeszuwendung Gottes durch Jesus Christus in den Sakramenten erfahren kann. Er findet und hat in dieser katholischen Kirche eine wahre Beheimatung, die ihm bei aller menschlichen Gebrechlichkeit und Schwäche hilft, mit dem Segen und Beistand Gottes aus seinem Leben etwas Gutes zu machen! Dadurch ist ihm auch die Gewißheit gegeben, daß er nicht begrenzten menschlichen Verhaltensregeln, sprich dem Relativismus, zum Opfer fällt, sondern in der Geborgenheit der katholischen Wahrheit seinen Lebensweg gehen kann.

Reichen Kants kategorischer Imperativ und die Orientierung am „moralischen Gesetz in uns" nicht als Lebensmaxime aus?

Dostojewskij hat einmal gesagt: „Wenn es Gott nicht gibt, ist alles erlaubt." Ein kategorischer Imperativ oder ein „moralisches Gesetz in mir" können schon deshalb kein zureichender Grund für ein richtiges Verhalten sein, weil die menschliche Vernunft in ihren Erkenntnismöglichkeiten begrenzt ist und nicht die vollkommene Weisheit und Wahrheit erfassen kann, die allein in Gott begründet ist. Wenn nämlich der Mensch dies tun könnte, dann wäre er Gott gleich; dann müßten alle Menschen zu der gleichen Wahrheitserkenntnis kommen und sich vernünftigerweise dem gleichen moralischen Gesetz unterwerfen. Tatsächlich sind wir aber weit entfernt von einer allgemeingültigen moralischen Norm.

Deshalb brauchen wir diesen verläßlichen und orientierenden Anruf von außen. Dieser Aufruf muß ein absoluter und in sich begründeter Anspruch sein, der an mich ergeht und dem ich in Freiheit antworte, oder dem ich mich auch in Freiheit verweigern kann – ein interpersonaler Akt von Aufruf und Antwort.

Eine junge Frau schrieb: „Warum trete ich nicht aus der Kirche aus? Schuld ist die nackte Angst vor Gott. Falls es ihn gibt und ich aus der Kirche austräte – würde er mir verzeihen? Das Risiko ist mir einfach zu groß." Ist so etwas kindisch, naiv, unkatholisch?

Natürlich sollte das Verbleiben in der Kirche nicht von der Angst diktiert werden. Das würde die katholische Lust und Freude am Glauben gründlich verderben. Dennoch gibt es einen grundsätzlichen und wesentlichen Zusammenhang von Kirchenmitgliedschaft und Erlösung. Jesus Christus hat die Kirche – als universales Heilssakrament – gegründet, um uns in ihr und durch sie das Heil zu vermitteln. „Die nackte Angst vor Gott" sollte es sicher nicht sein, allerdings wird durch diese innerste Erfahrung gleichzeitig, vielleicht eher unbewußt, ein Verantwortungsbewußtsein wirksam, das die Einsicht vermittelt, daß meine Zugehörigkeit zu dieser katholischen Kirche eine Bedeutung hat für mein Leben hier und jetzt und mir zugleich auch ein Ziel für mein Leben über den Tod hinaus gibt.

Welche Rolle spielen autobiographische Erinnerungen an gelebten Katholizismus im Elternhaus?

Religiöse Erfahrungen in Verbindung mit dem menschlichem Umgang im Elternhaus und mit der Erziehung dort spielen eine entscheidende Rolle für die Bewertung der Religion, des Glaubens! Wenn Kinder sehen, daß die Eltern beten, zum Beispiel bei Tisch, und auch am Sonntag oder zu anderen Anlässen Gottesdienste mitfeiern, dann fragen Kinder wie von selbst, warum die Eltern sich so und nicht anders verhalten. Sie stellen die Frage nach dem anderen, nach dem größeren, zu dem die Eltern aufschauen.

Wir Erwachsene nehmen es in der Regel zu wenig ernst, daß Kinder richtiggehende „Metaphysiker" sind. Sie fragen: „Wer hat Sonne, Mond und Sterne gemacht? Wer hat die Welt, wer hat die Pflanzen und Blumen, wer hat die Tiere gemacht? Woher komme ich?"

Für Kinder ist es deshalb ganz wichtig, daß diese genannten Fragen nicht einfach auf die Seite geschoben werden, sondern von den Eltern ernst genommen und auch kindgerecht und gut beantwortet werden. Gutgestaltete Kinderbibeln sind eine sehr große Hilfe, um Kindern die Beziehung, besser gesagt die Liebe Gottes zu uns Menschen zu vermitteln. So wichtig gute Predigten und Glaubenskatechesen sind, noch wichtiger sind Gespräche über den Glauben an unseren Küchentischen und Kinderbetten. Dort wird zuerst die Schönheit des Glaubenkönnens vermittelt; dort wird zuerst auf das Zeichen des heiligen Kreuzes und auf die Muttergottes gezeigt; dort werden Liebe und Fürsorge Gottes durch den Glauben und das liebevolle Verhalten der Mitmenschen erfahren.

Es ist unverantwortlich, und ist doch wohl leider in der Vergangenheit immer wieder geschehen, daß Kinder zum regelmäßigen Gebet und ohne Begründung zu irgendwelchen moralischen Verhaltensweisen gezwungen werden, daß sie mit Drohungen und allein in die Kirche geschickt werden und ihnen womöglich Angst vor Gott gemacht wird. Eine derartige „Erziehung" ist nicht nur unverantwortlich, sondern kontraproduktiv, und jeder Mensch wird im jugendlichen Alter sehr schnell diese Fesseln abwerfen, die ihm durch eine aufgezwungene und lieblose Religionsvermittlung angelegt worden sind.

Schon von Kindheit an muß und noch mehr kann die Beziehung zum liebenden Gott und Vater aller Menschen durch gute Gespräche, durch das Zeugnis eigener Gebetserfahrungen und durch das Beispiel gelebter Liebe befreiend grundgelegt werden. Zu Recht wird im ersten Johannesbrief gesagt: „In der Liebe ist keine Furcht" (4,18).

Gehört die traditionell katholische Familie, in der vor und nach dem Mittag- und Abendessen gebetet wird, zu den aussterbenden Arten?

Das Bild der traditionell katholischen Familie ist insgesamt in unserer Gesellschaft sicher sehr selten geworden. Zum Gebet vor und nach dem Mittag- und Abendessen kommen da noch Gewissenserforschung und Abendgebet am Ende eines Tages.

Wir müssen bedenken, daß die Eltern unserer Kinder und heranwachsenden Jugendlichen zu einem großen Teil schon selbst als Kinder diese täglichen Gebetsformen gar nicht mehr erlebt haben. Aller Wahrscheinlichkeit nach ist auch im Religionsunterricht zu wenig auf die Wichtigkeit des persönlichen und des gemeinschaftlichen Gebetes als Zwiesprache mit Gott verwiesen worden ist. Es steht außer Zweifel, daß die Eltern für ihre Kinder die „ersten Priester" sind, das heißt die ersten und damit auch wichtigsten Glaubensboten. Es steht aber auch außer Zweifel, daß neben der berechtigten Wissensvermittlung im Religionsunterricht immer wieder neu praktische Hilfen zum Gebet, zur Zwiesprache mit Gott gegeben werden müssen. Ist es verboten, im Religionsunterricht zu Beginn und am Ende der Stunde zu beten und als Priester auch den Segen zu geben? Ist es verboten, während des Unterrichtes zur Auflockerung nicht nur in die Hände zu klatschen und Körperübungen zu machen, sondern auch ein passendes Lied zu singen? Ein Lied, das durchaus kindgemäß ist, das etwa aus der sogenannten Pfälzer Kindermesse sein kann, das aber genausogut ein Lied aus dem Gesangbuch „Gotteslob" sein kann, wie zum Beispiel „Lobe den Herren" oder „Beim letzten Abendmahle".

Wir alle, die wir – und ich sage jetzt bewußt von der Berufung her – als Priester oder Laien in den Dienst der

Verkündigung durch Jesus Christus und durch die Kirche genommen worden sind, müssen immer wieder im Wort und im beispielhaften Tun von der Kraft und Schönheit unseres Glaubens Zeugnis ablegen. Am Ende unseres Lebens werden wir mit Sicherheit auch danach von Gott gefragt werden.

Sind solche Gebetsrituale wirklich wichtig für ein katholisches Familienleben? Handelt es sich nicht vielfach um Danksagungsgeleiere?

Es geht nicht um leere Gebetsrituale und schon gar nicht um gelangweilte Danksagungen. Es ist umgekehrt: „Wer denkt, der dankt!“ Dazu muß es allerdings bestimmte, eingeübte, gemeinsame Gebetsformen geben, da diese dann gleichzeitig für das Kind und erst recht für den heranwachsenden Jugendlichen eine Grundlage dafür sind, zu bestimmten Anlässen – nicht zuletzt am Ende eines Tages auch in eigenen Worten – dem lieben Gott meinen Dank und meine Bitten, meine Ängste und Sorgen anzuvertrauen. Eingeübte rituelle Formeln können neugierig machen und sogar die „Versuchung“ aufkommen lassen, das Neue Testament dann und wann in die Hand zu nehmen und sich über Jesus Christus, über seine Botschaft, über seinen Lebensweg nicht nur zu informieren, sondern auch von ihm ansprechen zu lassen. Für die Erziehung ist es allgemein sehr wichtig, daß wir uns in unserem Denken nicht nur von den Medien oder von vereinsamenden Computerspielen bestimmen und beherrschen lassen und so Gefahr laufen, das ureigene Denken und persönliche Empfinden nicht mehr wahrzunehmen, zu gebrauchen und einzusetzen. Vielmehr müssen Denken und Empfinden bewußt gefördert werden, im zwischenmenschlichen Bereich auf einen menschlich aufbauenden Austausch hin. Erst recht ist dann die Ausrichtung auf den ganz Anderen – und uns doch auch wieder durch den menschgewordenen Sohn außer der Sünde ganz gleich gewordenen – möglich und nötig.

Freilich muß beachtet werden, daß die wahrhaft menschliche und religiöse Erziehung unserer Kinder und Jugendlichen durch die fehlenden „Miterzieher" der Gesellschaft eine größere persönliche Herausforderung mit sich bringt. Das ist aber auch spannend, da ich selber gefordert bin zu sagen, warum ich an Gott glaube, wie ich bete und welche Erfahrungen ich mit dem Gebet schon gemacht habe und warum mir die Mitfeier der heiligen Messe besonders am Sonntag wichtig ist.

Das lebendige und bekennende Zeugnis ist heute mehr denn je gefordert!

Glauben Sie, daß Gott persönlich über Ihr Wohl und Wehe wacht?

Die unüberbietbare menschliche Zuwendung Gottes zu uns Menschen ist festgemacht in der Menschwerdung seines Sohnes. Es ist keine Adoptivsohnschaft, sondern aus der schöpferischen Kraft des Geistes Gottes nimmt Gott selber, freilich erst nach der Zustimmung eines Menschen, im Schoß der Jungfrau Maria unser Fleisch und Blut an und wird uns in allem radikal gleich, ausgenommen die Sünde. Bei dem nächtlichen Gespräch Jesu mit dem befreundeten Schriftgelehrten Nikodemus bezeugt Jesus eindeutig die Zuwendung und Liebe Gottes zu einem jeden Menschen durch ihn, den menschgewordenen Gottessohn. Diese Zuwendung geht so weit, daß dieser Sohn bereit ist, sein Leben aus Liebe hinzugeben, um dadurch endgültig den Widerspruch des Menschen gegen die Liebe Gottes zu überwinden und dem Menschen einen neuen und bleibenden Zugang zu Gott zu eröffnen: „Denn Gott hat die Welt so sehr geliebt, daß er seinen einzigen Sohn hingab, damit jeder, der an ihn glaubt, nicht zugrunde geht, sondern das ewige Leben hat“ (Joh 3,16).

Durch die persönliche Gebetshaltung Jesu gegenüber Gott seinem Vater, durch die Aufforderung Jesu gegenüber den Jüngern, daß sie vertrauensvoll bitten und beten können und sollen, und nicht zuletzt durch die Lehre des Vaterunsers, des wohl großartigsten „Beziehungsgebetes“ des Menschen zu Gott, bin ich fest davon überzeugt, daß Gott auf mein Wohl und Wehe achtet. Durch Jesus Christus, durch dessen liebende Zuwendung zu einem jeden einzelnen von uns, durch sein Sterben aus Liebe am Kreuz und durch seinen wahren Sieg in der Auferstehung kann mit Sicherheit bezeugt werden, daß wir Menschen nicht das Zufallsprodukt einer biologischen Entwicklungskette sind, sondern daß jeder Mensch vom ersten Augenblick seines Daseins an im Schoß seiner Mutter von Gott gewollt und geliebt ist.

Wie spüren Sie Gott, wann haben Sie ihn zuletzt gespürt?

Ich spüre Gott immer, wenn ich bewußt das Kreuzzeichen mache. Ich weiß um die Gegenwart und Nähe Gottes beim Psalmengebet und auch im persönlichen Gebet, wenn ich mich mit eigenen Worten an Gott wende. Ich erfahre Gott besonders in der Feier der Eucharistie, die das größtmögliche Bindeglied zwischen Himmel und Erde ist; nicht zuletzt auch die Gegenwart Gottes durch Jesus Christus im Sakrament des Altares, im Tabernakel. Durch die beständige Gegenwart Gottes durch Jesus im Sakrament des Altares ist jede katholische Kirche Haus Gottes unter den Menschen – er wohnt unter ihnen schon jetzt, wie es sich dann im himmlischen Jerusalem in endgültiger Weise vollenden wird (vgl. Offb 21,9–22,5)!

Ich erspüre Gott aber auch in der Schönheit der Natur, in der Vielfalt der Pflanzen, auch in den Geschöpfen der Tiere; erspüre Gottes Größe und Schönheit im Firmament, im nächtlichen Sternenhimmel. Nicht zuletzt erspüre ich auch die Nähe Gottes im Vertrauen und in der Liebe von Menschen durch gute und ehrliche Begegnungen, durch ein mitfühlendes Herz!

Warum bereitet die Vorstellung von einem persönlichen Gott manchen Menschen, auch religiös durchaus empfänglichen, religiös „musikalischen", Schwierigkeiten?

Mögliche Schwierigkeiten über die Vorstellungen von einem persönlichen Gott sind eindeutig dadurch begründet, daß sich diese Menschen nicht hinreichend mit der Selbstmitteilung Gottes, also mit seiner Offenbarung in menschlicher Zeit und Geschichte auseinandersetzen. Die herausragende, alle anderen Religionen und Kulturen übertreffende Aussage über Gott im jüdisch-christlichen Gottesbild gründet in der Überzeugung, daß Gott nicht nur Ursprung und Schöpfer eines gewaltigen Universums ist, sondern daß er in seiner unbegrenzten Liebe die Beziehung zu seinem Geschöpf Mensch sucht und sich dadurch eine partnerschaftliche personale Begegnung zwischen Gott und dem einzelnen Menschen ereignen kann, vorausgesetzt, daß der Mensch dies auch will und dankbar annimmt. Aus diesem Grund hatte und hat auch heute noch das Volk Israel den Auftrag, die Wahrheit von dem einen und wahren Gott, dem Herrn des Himmels und der Erde, der sich aber auch um seine Welt und um den Menschen kümmert, gegenüber allen anderen Gottesvorstellungen herauszustellen.

Für uns als Christen hat diese Wahrheit von dem persönlichen Bezug des einen und wahren Schöpfergottes zu seiner gesamten Schöpfung und besonders zum Menschen einen unüberbietbaren Höhepunkt gefunden in der Menschwerdung seines Sohnes. Ist diese Tatsache nicht eine beglückende und den Menschen geradezu befreiende Wirklichkeit für seine persönliche Beziehung und auch für seine persönlichen Bedürfnisse in der Begegnung mit seinem Herrn und Gott als Person?

Wie beten Sie? Kann man beten lernen?

In Verbindung mit den Aussagen zur Frage, wie ich Gott spüre, ist eine wichtige Voraussetzung für das Gebet die *Stille*. Ich muß mich immer wieder selber herausnehmen aus dem täglichen „Getriebe“, aus den durchaus wichtigen Anforderungen, und mir eine Zeit der Stille gönnen. Nur dann, wenn ich bei „mir selbst zu Hause bin“ kann ich, nicht zuletzt auch durch die alltäglichen Erfahrungen bei allzu erfüllenden Aufgaben und durch die Begegnung mit Menschen, zur Besinnung kommen. In diesem Zusammenhang ist es auch selbstverständlich, daß wir beispielsweise nicht nur ein „Jahr der Bibel“ begehen, sondern daß wir uns auch durch das Lesen biblischer Texte, sei es im Alten Testament, sei es im Neuen Testament, von Gott direkt ansprechen lassen. In einer seiner Schriften formuliert es Augustinus ungefähr so: „Wenn ich bete, dann spreche ich zu Gott. Und wenn ich im Neuen Testament lese, dann spricht Gott zu mir!“ Im innersten Nachdenken – und das ist Mystik: hineindenken, hineinempfinden, mich durchdringen lassen – komme ich zur Begegnung mit Gott besonders auch durch das, was er mir durch sein Wort, nicht zuletzt durch das „fleischgewordene Wort“ zu sagen hat.

In der Erfahrung meiner Umwelt, aber ebenso im Hinblick auf das größere Ganze der gesamten Welt muß ich zum *Staunen* kommen über die Vielfalt des Lebens, wenn ich die „Augen meines Herzens“ offenhalte. Nicht zuletzt das Heranwachsen eines Kindes im Schoß seiner Mutter, bedingt durch nur die mikroskopisch wahrnehmbare

Verschmelzung von Keimzellen ist ein Wunder für sich, das mir zum Staunen Anlaß gibt. Es ist ein Wunder, daß kein Mensch dem anderen gleicht und daß unter Milliarden von Menschen beispielsweise jeder eine andere Zeichnung seines Fingerabdruckes hat; daß jeder Mensch einmalig ist, nicht nur in seinem Aussehen, sondern auch in seinen Begabungen und Veranlagungen, in seinen Fähigkeiten. Auch die rein materielle Funktion des Körpers, der Stoffwechselprozeß und das überaus komplizierte Funktionieren unserer täglichen körperlichen Abläufe, etwa von der Nahrungsaufnahme bis hin zur Ausscheidung, ist eine Wirklichkeit, die wir nur staunend und dankbar annehmen können und die ein Mensch gar nicht machen kann.

Zur-Ruhe-kommen-Wollen, Schweigen- und Staunenkönnen sind unabdingbare Voraussetzungen für das Gebet. Diese Fähigkeiten können durch ein sachgerechtes Gespräch, nicht zuletzt auch durch gemeinsames Einüben erlernt werden.

Sie sagten einmal, daß sie eher vom Verstand her, besonders durch intensive Lektüre des Neuen Testaments, zum Priesterberuf gekommen seien. Was war so eindrucksvoll, so lebensbestimmend an der Bibellektüre?

Eindrucksvoll und bestimmend an der Bibellektüre ist die Person Jesus Christus! Im ältesten Evangelium steht eine ungeheuerliche Herausforderung, die gleichzeitig als Programm über das ganze Leben Jesu gestellt werden kann: „Die Zeit ist erfüllt, das Reich Gottes ist nahe. Kehrt um, und glaubt an das Evangelium!“ (Mk 1,15). Mit dieser Aussage stellt Jesus die Herausforderung auf, daß alle prophetischen Voraussagen über eine menschlichere Mitteilung Gottes, daß die Sehnsüchte der Menschen nach einer wahren Gotteserfahrung durch ihn jetzt in Erfüllung gegangen sind und daß durch ihn, durch seine Person, durch sein Wort und Wirken das Reich Gottes bereits hereingebrochen ist.

Entscheidend ist die Erfahrung für jeden ernsthaften Leser des Neuen Testamentes, und das war bei mir auch so, daß Jesus nicht einfach schöne Worte macht, sondern daß Jesus all das, was er sagt, auch in den Werken der Liebe, besonders in den bedrängten, sündigen, kranken, am Rand der Gesellschaft lebenden Menschen in die Tat umsetzt. Jesus ist auch deshalb kein unrealistischer Schönredner, weil er die möglichen Leiden und Bedrängnisse, mögliche Auseinandersetzungen über die Wahrheit und die damit verbundenen Nachteile für die Anhänger der Wahrheit ganz deutlich ausspricht. An keiner Stelle sagt Jesus, daß derjenige, der ihm glaubt und der ihm nachfolgt, sein Leben in vollen Zügen genießen kann und ein leichtes, bequemes und problemloses Leben haben wird. Im Gegenteil! An verschiedenen Stellen sagt Jesus im Gespräch mit seinen Jüngern, daß nur derjenige wirklich sein Jünger sein kann, der täglich bereit ist, sein Kreuz auf sich zu nehmen und ihm damit nachzufolgen. Die größtmögliche Konsequenz seiner Liebe und Hingabe zu uns Menschen, zu einem jeden einzelnen von uns, wird erfahrbar durch die unerzwungene Hingabe des Lebens Jesu in der grausamen Folter und in seinem furchtbaren Sterben am Kreuz.

Gegen alle menschliche Einsichten und gegen alle innerweltlichen Erfahrungswerte ist dieses grausame Leiden und Sterben am Kreuz aber nicht einfach die Katastrophe am Ende eines jungen Lebens, das verheißungsvoll begonnen hat, sondern der entscheidende Sieg über alles Böse und Unmenschliche, über das Leid und den Tod durch die Auferstehung. Jesus ist dadurch der König der Liebe und des Lebens, der durch keine Macht und Gewalt dieser Welt, durch keine gottlosen Ideologien und deren grausame Diktaturen besiegt werden kann.

Und Sie wissen oder: glauben zu wissen, daß die Bibel recht hat und keine geniale Dichtkunst ist?

Neben der intensiven Auseinandersetzung mit der Botschaft der Evangelien ist für mich auch sehr beeindruckend die Lektüre der Apostelgeschichte über die Ausbreitung der Botschaft von Jesus Christus gewesen und besonders das Zeugnis des Paulus in seinen vielfältigen Briefen. Es gibt keine größere und tragfähigere Hilfe zu einem bewußten und positiven Leben als Jesus Christus selbst. Deshalb auch das kürzeste Glaubensbekenntnis, wie es vielfach von Paulus in seine Briefen ausgedrückt wird: „Ich glaube dir Jesus (dem Menschen, auch am Kreuz); dem Christus (dem Auferstandenen, vom Geist Gottes erfüllt)."

Kürzlich fragte man mich in einer Gesprächsrunde von Gymnasiasten des 13. Jahrgangs, ob nicht vieles im Neuen Testament erst später hinzugekommen sei, so daß es sehr schwierig sei, zwischen „Dichtung und Wahrheit" zu unterscheiden. Die Antwort auf diese durchaus berechtigte Frage muß nicht die Theologie geben, sondern gibt uns schon die Literaturwissenschaft. Sie stellt mit ihren kritischen Untersuchungskriterien fest, daß in der gesamten antiken Literatur überhaupt keine Schriftzeugnisse vorhanden sind, die den historischen Fakten so nahestehen, wie es die Schriften des Neuen Testamentes in ihrer zeitlichen Nähe zur Person Jesu tun. Eine Aussage, die nicht zuletzt auch dadurch erhärtet wird, daß die biblischen Zeugen ihre Erfahrungen mit dem geschichtlichen Jesus, mit dem Jesus am Kreuz, mit dem auferstandenen Christus nicht nur verkündet haben; sie scheuten sich auch nicht, von ihrem Unglauben, von ihrer Treulosigkeit und von ihrem Verrat zu sprechen, sondern besiegelten das, was sie verkündeten und in die damalige zivilisierte Welt hineintrugen durch das Martyrium. Sie unterschrieben gleichsam ihre Verkündigung mit dem eigenen, in grausamen Martyrien vergossenen Blut!

Glaube und Vernunft – nicht wenige sehen darin ein Gegensatzpaar. Wie kann der Katholik beides miteinander versöhnen?

Die wechselseitige Verwiesenheit von Vernunft und Glaube, von (lateinisch) Ratio und Fides, kann in vereinfachter Weise auch so umschrieben werden: Es gibt zwei *Erkenntnisgegenstände* und zwei *Erkenntniswege.*

Der eine *Erkenntnisgegenstand* besteht zum einen aus der sichtbaren, erkennbaren und meßbaren Welt und Umwelt und zum anderen aus den bisher gemachten wissenschaftlichen Einsichten im Bereich der Naturwissenschaften und der Geisteswissenschaften. Der *Erkenntnisweg* für diese Bereiche ist die menschliche Vernunft mit ihrem Drang, den Ursprung alles Erfahrbaren zu ergründen, Zusammenhänge festzustellen und zu wahren, zu wirklichen Erkenntnissen zu kommen.

Die andere Art des *Erkenntnisgegenstandes* ist die von Gott an den Menschen mitgeteilte Aussage über sich selbst, über den Menschen, über die Welt und über die Beziehung dieses Gottes zum Menschen und zur Welt. Diese Wirklichkeit wird als „Selbstmitteilung Gottes" oder als „Daten der Offenbarung" bezeichnet. Die Fides als vertrauender, hörender und staunenkönnender Glaube ist der *Erkenntnisweg,* um die Daten der Selbstmitteilung Gottes auf der Suche nach der ganzheitlichen Wahrheit zu erforschen.

Wenn beide Erkenntniswege, nämlich die Ratio und die Fides, mit der Erforschung der unterschiedlichen Erkenntnisgegenstände sich wiederfinden in einem deckungsgleichen Bereich, dann kommt es für uns begrenzte Menschen zu einer menschlich größtmöglichen Erkenntnis der einen Wahrheit, die sowohl von der Schöpfung wie von der Offenbarung her gesehen ihren Ursprung in Gott hat.

Im legendären Gespräch mit Jürgen Habermas (am 9. Januar 2004 in der Katholischen Akademie Bayern) konstatierte Joseph Ratzinger, es gebe höchst gefährliche Pathologien in der Religion, die es nötig machten, das göttliche Licht der Vernunft als Kontrollorgan anzusehen. Was sind das für Pathologien?

Kardinal Ratzinger meinte damit radikalisierte Erscheinungsformen der Religion, die ihre Interessen mit terroristischen Mitteln durchzusetzen versuchten. Hier müsse, so Ratzinger, die Religion „unter das Kuratel der Vernunft gestellt werden". Hier sei es nötig, „das göttliche Licht der Vernunft sozusagen als ein Kontrollorgan anzusehen, von dem her sich Religion immer wieder neu reinigen und ordnen lassen muß".

Interessanterweise verwies der Kardinal in diesem Gespräch darauf, daß es auch „Pathologien der Vernunft" gebe, – ich darf hier weiter aus dem Gespräch zitieren – „eine Hybris der Vernunft, die nicht minder gefährlich, sondern von ihrer potentiellen Effizienz her noch bedrohlicher ist: Atombombe, Mensch als Produkt. Deswegen muß umgekehrt auch die Vernunft an ihre Grenzen gemahnt werden und Hörbereitschaft gegenüber den großen religiösen Überlieferungen der Menschheit lernen. Wenn sie sich völlig emanzipiert und diese Lernbereitschaft, diese Korrelationalität ablegt, wird sie zerstörerisch … Ich würde demgemäß von einer notwendigen Korrelationalität von Vernunft und Glaube, Vernunft und Religion sprechen, die zu gegenseitiger Reinigung und Heilung berufen sind und die sich gegenseitig brauchen und das gegenseitig anerkennen müssen."

Ist es demnach vernünftig zu glauben, oder ist es irrational, aber eine gute Lebenshilfe?

Es ist vernünftig zu glauben. Glaube und Vernunft schließen sich keineswegs aus, sondern gehören zusammen. Der Glaube zielt immer auf die alles umfassende Wahrheit, die alle vernünftigen Teilaspekte des Seins umfaßt, die wesentlich auf sie hin ausgerichtet sind. Ohne den Glauben, der von dieser einen umfassenden Wahrheit ausgeht, blieben alle Erkenntnisse fragwürdig, und wir wüßten nicht einmal darum. Was bisher über die Vernünftigkeit des Glaubens gesagt worden ist, gilt auch für diese Frage. Wäre der Glaube irrational, wäre er auf die Dauer auch keine wirkliche Lebenshilfe.

IV. Der Mensch denkt, Gott lenkt

Albert Einstein sagte, er glaube nicht an einen Gott, der sich mit dem Schicksal und Handeln des einzelnen Menschen abgebe, sondern an einen Gott, der sich in der Harmonie des Universums offenbare. War der große Geist Einstein religiös ein Kleingeist?

Daß Gott sich in seiner Schöpfung offenbart und aus ihr erkannt werden kann, ist unstrittig: Es ist Lehre der Kirche, daß Gott, der Ursprung und das Ziel aller Dinge, mit dem natürlichen Licht der menschlichen Vernunft aus den geschaffenen Dingen gewiß erkannt werden kann.

Daß Gott sich aber nicht mit dem Schicksal der Menschen abgebe, widerspricht seiner unbegrenzten Liebe zu seiner Schöpfung und zum Höhepunkt seiner Schöpfung, nämlich dem Menschen als seinem Ebenbild.

Der große Geist Einstein sollte aber nicht religiös als ein Kleingeist beurteilt werden, da dies der Achtung gegenüber einem Menschen mit einer anderen Überzeugung widerspräche. Einstein konnte als gläubiger Jude die bedingungslose Liebe des Gottes Jahwe nicht nachvollziehen, eine Liebe, die sich bedingungslos durch die Menschwerdung des Sohnes auf die Seite von uns Menschen gestellt hat, sich mit unserem Menschsein unwiderruflich vermischt hat, ausgenommen die Sünde. Durch diese Tatsache, nämlich durch Jesus Christus, kümmert sich Gott sehr wohl um das Schicksal und Handeln jedes einzelnen Menschen.

Spricht nicht manches dafür, in Gott bloß den Auslöser des Urknalls oder, wie noch Rudolf Augstein sich gerne ausdrückte, „den großen Uhrmacher" zu sehen?

Dies ist die Auffassung des „Deismus“: Die Welt sei zwar von Gott geschaffen, aber nach ihrer Herstellung wie ein von Menschen hergestellter Automat, ein Uhrwerk sich selbst überlassen. Ein Eingreifen Gottes in seine Schöpfung gebe es nicht. Dieser unbewiesenen Theorie widersprechen die Zuwendung und das Eingreifen Gottes in seine Schöpfung und auch in das Leben und Handeln des einzelnen Menschen, bereits erfahrbar im persönlichen Bezug Gottes zu den Menschen und zur Welt im Alten Testament. Eine Zuwendung, die in Jesus Christus eine nachweislich geschichtliche, die Welt und den ganzen Menschen umspannende Wirklichkeit ist.

Wenn Gott also mehr ist, wenn er uns lenkt und leitet: Warum ließ er dann Jahrtausendverbrechen und -verbrecher zu, warum fällt er nicht Kindermördern, Menschen, die seine jüngsten Geschöpfe umbringen, in den Arm?

Die Frage nach dem Ursprung des Bösen beschäftigt die Menschen von Anfang an. Schon in vorbiblischen und außerbiblischen Kulten wurde immer wieder der Versuch unternommen, durch Opfergaben – bis hin zu Menschenopfern – die Götter für sich gnädig zu stimmen. Bei diesen unterschiedlichen Gottesvorstellungen gab es die Überzeugung vom Guten und vom Segen bei den Göttern, genauso aber auch eine fast panische Angst vor ihnen, weil sie strafend über die Menschen herfallen und ihnen auch durch andere Menschen Böses antun könnten. Diese Vorstellung von rächenden, strafenden und bösen Gottheiten ist mit der biblischen Gottesoffenbarung nicht im entferntesten in Einklang zu bringen.

In den ersten drei Kapiteln des ersten Buches des Alten Testaments, im Buch Genesis, wird in einer psychologisch sehr geschickten und anschaulichen Sprache von der Erschaffung der Welt und auch vom Ursprung des Bösen gesprochen. Demnach ist der eine und wahre Gott von niemandem verursacht, weil er immer schon gewesen ist. Er allein ist der Ursprung des Lebens und der Liebe! Durch seine schöpferische Liebe hat er alles ins Dasein gerufen und seine Schöpfung gekrönt durch die Erschaffung des Menschen. Der Mensch wird sogar als „Ebenbild Gottes“ bezeichnet, da er denken und lieben, sich aber auch in relativer Freiheit entscheiden kann. Diese Freiheit ist untrennbar verbunden mit der Frage nach dem Bösen. In der sehr anschaulichen Berichterstattung vom „Fall des Menschen“ (Gen 3,1–24) wird davon gesprochen, wie der Mensch durch überzogenes Selbstbewußtsein – er will Gott gleich sein – aus der Freundschaft, aus der Liebe Gottes herausfällt. Entscheidend ist hier, daß Gott seine Liebe dem Menschen nicht aufzwingt, da es in der Liebe keinen Zwang gibt. Durch die Loslösung des Menschen von Gott entsteht das Böse – Brudermord Kain und Abel, Sintflut, Turmbau von Babel – gewissermaßen als Zustand fehlender Liebe. Das gilt bis auf den heutigen Tag und hat im 20. Jahrhundert seinen Ausdruck gefunden in gottlosen und menschenverachtenden Ideologien, in sich selbst total überschätzenden Menschen, die als Diktatoren in verschiedenen Ländern bis heute Unheil über die Menschen bringen. Die sogenannte „Erbsünde“, besser bezeichnet als „Ursprungsschuld“, ist bis auf den heutigen Tag Wirklichkeit, wenn der Mensch seine Abhängigkeit von Gott leugnet und sein eigener Herr sein will. Diese Fehleinschätzung endet immer im Bösen, im Gegenteil der Liebe, in einem tödlichen Egoismus!

Dieses „Geheimnis des Bösen“ nimmt Gott durch die Menschwerdung seines Sohnes selber auf sich. Jesus Christus besiegt das Böse endgültig durch seine Lebenshingabe aus reiner Liebe im Leiden und Sterben am Kreuz. Er läßt das Böse an sich geschehen bis zur grausamen Vernichtung durch den Kreuzestod und gibt dem Bösen und damit auch dem Tod durch seine wahre Auferstehung den endgültigen „Todesstoß". Nur durch die Verbundenheit mit Jesus Christus kann der Mensch in den verschiedenen Perioden seines Lebens mit den unterschiedlichsten Erfahrungen zu einer „wahren Freiheit" gelangen, die ihm die Gewißheit gibt, daß am Schluß nicht das Böse, auch nicht das Leid und der Tod, siegen, sondern daß die Liebe des gekreuzigten und auferstandenen Jesus Christus stärker ist alles Böse, stärker als der Tod. Für die Bewältigung des Bösen, auch im Ertragen von Leid und Unheil, gibt es nur eine „Arznei": die innige Verbundenheit mit dem gekreuzigten und auferstandenen Jesus Christus!

Was sagen Sie den Eltern ermordeter Kinder, wenn jene überzeugt sind, daß Gott gar kein lieber Gott ist, vielmehr das Böseste geschehen läßt? Ist Gott womöglich jemand, der will, aber nicht kann? Ist er also schwach? Oder ist er stark, jemand, der könnte, aber nicht will?

Es gibt eine Traurigkeit in diesem Leben, die erst überwunden werden kann, wenn wir bei Gott sind. Das Sterben von Söhnen oder Töchtern, sei es durch einen Verkehrsunfall oder durch eine unheilbare Krankheit, sei es gar durch eine grausame Ermordung, ist für Eltern eine sehr schwere Last. Eine Last, die im Laufe von vielen Jahren vielleicht etwas leichter werden kann, die aber im innersten Herzen immer als Bedrückung erfahren wird. Ich sehe keinen anderen Trost und keine andere Hilfe als das Zeigen auf den leidenden und verhöhnten, auf den sein Kreuz tragenden und gekreuzigten Jesus. Das gläubige Wissen um seine wahre Auferstehung ist der einzige Weg, die Verbindung – jetzt allgemein gesprochen – mit unseren lieben Verstorbenen, besonders aber auch mit verstorbenen oder gar ermordeten Kindern und Jugendlichen aufrechtzuerhalten und zu wissen, daß wir mit ihnen durch Jesus Christus wie durch ein unsichtbares Band der Liebe verbunden bleiben.

Es ist fast widersinnig, wenn ich feststelle: Gott könnte der Vorwurf gemacht werden, daß er es in seiner unbegrenzten Liebe gewagt hat, den Menschen als Geschöpf so zu schaffen, daß er sich auch gegen Gott, das heißt gegen die Liebe und damit für das Böse entscheiden kann. Dieser Mißbrauch der Freiheit geht bis hinein in den Bereich der geistigen Geschöpfe, sprich der Engel. Luzifer ist ein von Gott gut geschaffenes, geistiges Geschöpf und heißt „Lichtträger". Auch unter den Engeln gab es aber die Möglichkeit, sich für oder gegen ihren schöpferischen Urgrund, nämlich Gott, zu entscheiden. Der Widerspruch gegen Gott und seine Liebe, das Böse, wird nicht den Sieg davontragen.

Wenn Gott seinen Geschöpfen wirklich die letzte Freiheit zur Selbstbestimmung, auch zu gottlosen Entscheidungen, eingeräumt hat – warum soll dann der gute Christ, nicht aber der Atheist, der ein guter Mensch gewesen ist, in den Himmel kommen?

Die Entscheidung, wer letztendlich in die Hölle kommt, in die totale Gottesferne, ist von der Kirche niemals getroffen worden. Im Vierten Laterankonzil des Jahres 1215 wird zu Recht festgestellt, daß es die Hölle als Zustand der totalen Gottesferne und der absoluten Lieblosigkeit gibt, gleichzeitig bezeugt aber auch das Konzil, daß niemand sagen könne, auch nicht diese heilige Versammlung, ob jemand in dieser Hölle sei. Ist diese Aussage nicht großartig?

Das Lehramt der Kirche hat nach umfassenden Prüfungen es immer wieder gewagt, Menschen als „Selige" bzw. „Heilige" zu bezeichnen, also als Vorbilder und Vorfahren im Glauben und als Fürsprecher bei Gott! Die Kirche hat aber niemals einen Menschen in die Hölle verbannt!

Die Frage bleibt, ob es überhaupt „Atheisten" gibt, da jeder Mensch in der Fragestellung nach dem tieferen Sinn seines eigenen Daseins immer auch auf die Frage nach dem Absoluten kommt. Auch Naturwissenschaftler gehen davon aus, daß das Universum nicht zufällig entstanden ist, da es sonst die darin befindliche, fast undurchschaubare Gesetzmäßigkeit gar nicht gäbe; daß vielmehr das Universum in seiner Herkunft nur erklärt werden kann als Erschaffung durch einen absoluten, geistigen Ursprung. In irgendeiner Weise ist jeder Mensch immer wieder auf das Absolute, letztlich auf Gott verwiesen.

Wie das mit dem Himmel aussieht, sollte man letztendlich Gottes Ratschluß überlassen. Er allein weiß um die innersten Gedanken von uns Menschen, und er wird ein gerechtes und zugleich barmherziges Urteil fällen.

Muß man es katholischen Priestern nicht verübeln, wenn sie auch Opfern böser Taten einfach predigen, Gott sei ein guter Kerl?

Die Rede von Gott als einem „guten Kerl" ist sehr salopp und damit unpassend. Mit der Barmherzigkeit Gottes darf kein Schindluder getrieben werden. Diese Tatsache wird von Jesus selbst in der bildhaften Geschichte vom „reichen Prasser und armen Lazarus" dargestellt. Jesus selbst spricht mit diesem Gleichnis keine „Drohbotschaft" aus, sondern verweist auf die Einmaligkeit und damit Verantwortlichkeit für das eigene Leben. Es gibt nach der Botschaft Jesu keine Arten von „Seelenwanderung" und „Wiedergeburt", auch keine Art von Selbsterlösung, sondern das Angebot der Liebe Gottes für ein gelingendes Leben. Gott will, daß wir mit seiner Hilfe aus unserem Leben etwas Gutes machen, daß wir unsere Eigenschaften und Fähigkeit nicht nur entdecken, sondern für Gott und für die Menschen einsetzen und nicht einem tödlichen Egoismus verfallen. Gleichzeitig sagt aber Jesus durch dieses Gleichnis auch, daß Gott niemandem seine Liebe aufzwingt, und daß jeder Rechenschaft ablegen wird am Ende seines Lebens für das, was in seinem Leben geschehen ist. Es gibt eine Trennung zwischen gut und böse; es gibt eine mögliche Gottesferne für den radikal sich gegen Gott Entscheidenden, so daß es keinen „Brückenschlag" mehr geben kann zwischen dem „Reich Gottes" und dem „Reich der Finsternis".

Das mag den Ohren nicht schmeicheln, es ist eine Herausforderung für ein eindeutig auf Gott ausgerichtetes Leben! Vielleicht ist das in den vergangenen Jahrzehnten zu wenig verkündet worden in der verfehlten Annahme, den Zuhörern keine Angst machen zu wollen. Es geht aber nicht um Angstmachen, sondern um die befreiende Einmaligkeit und zugleich auch Ernsthaftigkeit unseres menschlichen Daseins, für das wir vor Gott, dem Schöpfer des Alls, Rechenschaft ablegen müssen.

Umkehr zum Guten, das heißt auf Gott hin ist immer möglich. Verstocktsein im Bösen und ein bewußtes Nein zu Gott führt automatisch in die Gottesferne.

Ist es unchristlich, angesichts von Großkatastrophen an Gottes Güte, vielleicht gar an seiner Existenz zu zweifeln?

Menschen früherer Generationen war es sehr bewußt, daß unser menschliches Dasein begrenzt ist und daß wir in einer begrenzten Welt leben. Diese Tatsache muß als Folge der Erbsünde bzw. Ursprungsschuld anerkannt werden.

Wir in der nördlichen Erdhemisphäre lebenden Menschen haben uns zu sehr an fast selbstverständliche Fortschritte in den Naturwissenschaften und Geisteswissenschaften und an eine beständige Steigerung unserer Lebensqualität gewöhnt. Die geistige Haltung der Machbarkeit in bezug auf die Gestaltung unseres Lebens, aber auch in bezug auf die Welt hat stark zugenommen. Die Erfahrung von Naturkatastrophen, von Krieg und nicht zuletzt auch von persönlicher Begrenztheit durch Krankheit, Leiden und Sterben hat die Menschen immer hart getroffen. Für uns heute sind derartige Erfahrungen umso schmerzlicher, da uns durch sie gezeigt wird, daß wir eben nicht die „großen Macher" sind, und daß wir letztlich weder die Verfügungsgewalt über die Ereignisse in unserem persönlichen Leben noch über das Geschehen dieser Welt haben. Bei diesen schmerzlichen Erfahrungen ist aber das entscheidend Christliche die Botschaft nicht nur vom menschgewordenen Gottessohn, sondern die Botschaft von seiner Solidarität mit allem geistigen und seelischen Leid, auch mit seinem grausamen Sterbenmüssen. Durch Jesus Christus stellt sich Gott selber hinein in unser begrenztes Dasein; durch Jesus Christus läßt Gott sich selber ein mit der Schönheit, aber auch mit der Endlichkeit seiner Welt. Durch die Auferweckung Jesu aus dem Grab, aus dem Tod, zeigt Gott aber auch, daß nicht das Katastrophale, das „Aus und Vorbei", weder im Leben des einzelnen noch im Weltgeschehen, das letzte und entscheidende Wort hat. Das Letztentscheidende und endgültig Bleibende ist die unzerstörbare Liebe des gekreuzigten und auferstandenen Jesus Christus! Diese Liebe gibt uns auch die Gewißheit, daß sich selbst das Leiden und der Tod lohnen, da am Schluß einem jeden von uns das unbegrenzte Leben von Gott und bei Gott geschenkt wird.

Bringt diese Botschaft nicht wahrhaftig viel Licht in die vielen Finsternisse und Dunkelheiten unseres Lebens und dieser unvollkommenen und sich ständig verändernden Welt?

V. Katholisch und radikal

Muß ein wahrer Katholik ein Radikaler sein, also jemand, der an die Wurzel der Dinge geht?

In diesem positiven Sinne ist es zu bejahen: „radikal" als zurück zu den Wurzeln, Rückbesinnung auf die Substanz, Entledigung vom Zeitgeistballast. Christentum kann und darf nie und nimmer verkürzt werden auf die moralische Aufforderung: „Seid nett zueinander!" Wenn ich zu den Wurzeln zurückkehre, das heißt zur nachweislichen Selbstmitteilung Gottes in der Zeit und Geschichte, im Alten Bund und dann durch Jesus Christus, kann es nur die eine Wahrheit geben und muß jede Form von Relativismus verabschiedet werden. Die Liebe und Zuwendung des unsichtbaren Schöpfergottes durch Jesus Christus, in dem er sein Herz an unser Herz hängt, ist so radikal und damit bleibend, daß sie einen jeden fähig machen will zu einem bewußten und positiven Leben! Daneben kann es nichts anderes und nichts Besseres geben!

Läuft, wer für seinen Glauben an die Wurzel geht, nicht Gefahr, für seinen Glauben über Leichen zu gehen?

Versteht man radikal im Sinne von politisch extrem, also gewaltbereit und gewalttätig, dann wäre dies natürlich abzulehnen. Gerade darin unterscheidet sich ja der christliche Glaube als wahrhaft katholischer und das heißt weltumfassender Glaube, daß der Glaubende nicht nur zur Gottesliebe, zur Wertschätzung des eigenen Lebens und zur Nächstenliebe aufgerufen ist, sondern die *Feindesliebe* leben soll. Mit dieser Forderung, die immer wieder schwer in die Tat umzusetzen ist, unterscheidet sich Jesus von allen anderen Religionsstiftern und deren Daseinsentwürfen und Moralprinzipien. Jesus fordert seine Anhänger auf, Unrecht sogar an sich geschehen zu lassen und nicht Böses mit Bösem zu beantworten. Das heißt freilich nicht, daß ich dem anderen nicht gegebenenfalls sagen kann, daß ich mich von ihm ungerecht und hinterhältig behandelt fühle. Hier gilt das Wort von Paulus: „Laß dich nicht vom Bösen reizen, sondern überwinde du das Böse durch das Gute!" (Röm 12,21). Gerade „radikale" Christen sind von Anfang an eben nicht „über Leichen gegangen", sondern haben sich um Jesu und seiner Liebe willen dem Martyrium ausgeliefert, im Wissen darum, daß die Liebe des gekreuzigten und auferstandenen Christus durch niemanden und durch nichts mehr besiegt werden kann.

Eine Fanatisierung des Glaubens und Unrechttun im Namen Gottes ist unter Christen leider auch immer wieder geschehen, konnte und kann aber nie mit der Botschaft Jesu und mit seiner Person gerechtfertigt werden. Mit den Worten des Heiligen Vaters Johannes Paul II. muß deutlich herausgestellt werden: Im Namen Gottes kann und darf nie und nimmer ein Krieg geführt werden.

Wo ist der Unterschied zwischen einem radikalen Katholiken und einem radikalen Moslem?

Der so bezeichnete „radikale Katholik" bezeugt Gott in Wort und Tun, steht treu zur Glaubensgemeinschaft der Kirche und ist auch bereit, diesen Glauben bei einer geistigen Auseinandersetzung andersdenkenden Gesprächspartnern in Klarheit, aber auch in Liebe zu verdeutlichen. Er kann und darf als Christ niemals versuchen, seine begründeten Überzeugungen mit Gewalt durchzusetzen, wird aber auch für sich und seine Überzeugung die nötige Religionsfreiheit einfordern müssen, wie sie ja auch

Andersdenkenden und Andersglaubenden gewährt werden muß. Der katholische Christ wird bei seiner überzeugten Glaubensdarstellung auch immer die persönliche Freiheit seines andersdenkenden und andersglaubenden Gegenübers berücksichtigen müssen!

Der radikale Moslem kommt von einer ganz anderen Lebensvorstellung. Für ihn muß es zwingend eine deckungsgleiche Einheit zwischen dem Staat und der Religion geben. Aus diesem Grund wird im Islam auch häufig vom „gerechten Krieg um Allahs willen" gesprochen, in Verbindung mit der Aufforderung, den Glauben auch mit Feuer und Schwert zu verbreiten.

Sollte ein Katholik einmal im Leben – wie das einem frommen Muslimen mit Mekka aufgetragen ist – zu den Schwellen, nach Rom und nach Jerusalem reisen?

Für einen katholischen Christen gibt es keine Vorschrift, jemals bei den Apostelgräbern in Rom bzw. in der Heimat Jesu in Galiläa und am Ort seines Todes und seiner Auferstehung in Jerusalem gewesen sein zu müssen. Noch im 20. Jahrhundert hatten viele unserer Vorfahren bzw. haben auch heute viele unserer katholischen Mitchristen aus unterschiedlichen Gründen gar nicht die Möglichkeit, diese heiligen Stätten zu bereisen.

Soweit es möglich ist, kann es natürlich empfohlen werden, „auf den Spuren Jesu im Heiligen Land" zu gehen und an den einzelnen Stellen sich besonders auch mit den Aussagen des Neuen Testamentes auseinanderzusetzen. Eine derartige Pilgerfahrt trägt sicher mit bei zu einem größerem Verständnis für die Wirkweise Jesu, was aber nicht heißt, daß ein solcher Pilger oder geistlicher Tourist damit auch Jesus von vornherein mehr kennen und lieben lernt. Das gleiche gilt für den Besuch der „Zentrale der katholischen Kirche" in Rom, wobei immer wieder darauf verwiesen werden muß, daß die Petersbasilika eine Grabeskirche ist, die über dem Märtyrergrab des hl. Apostels Petrus errichtet worden ist. Das gleiche gilt für die Kirche Sankt Paul vor den Mauern. Bei derartigen Pilgerfahrten ist es immer notwendig, daß nicht nur ein sachkundiger weltlicher Führer die Leitung übernimmt, sondern daß ein überzeugter Priester an Ort und Stelle die Bedeutung dieser wichtigen Orte von der Botschaft des Glaubens her darstellt und auch mit den Pilgern die heilige Messe feiert. Nur so kann ein solcher Besuch zu einem geistlichen Erlebnis werden und zu einer bewußten Glaubensvertiefung verhelfen.

André Malraux sagte, das 21. Jahrhundert werde christlich sein, oder es werde gar nicht sein. Reicht Ihnen christlich, oder muß es katholisch sein?

Diese Frage klingt zunächst sehr provokatorisch und fordert scheinbar eine Gegenüberstellung zwischen christlich und katholisch heraus. Diese Gegenüberstellung ist allerdings so nicht notwendig, da das Katholische immer das Christliche von seinem Fundament und von seiner Glaubenstradition her einschließt. In der Tradition der frühen Kirchenväter muß in dem Zusammenhang aber ganz deutlich herausgestellt werden, daß nicht alles, was sich „christlich" nennt, auch christlich ist. Denn das Katholische ist einerseits das ursprünglich Christliche, auf Jesus Christus zurückgehende, und die unter dem Geist Gottes unverfälscht überlieferte Glaubenstradition, andererseits ist damit auch „allumfassend" gemeint, verbunden mit dem Auftrag Jesu: „Geht hinaus in die ganze Welt und verkündet das Evangelium allen Geschöpfen!" (Mk 16,15).

Mit „katholisch" ist stets gemeint, daß das ursprüngliche Bekenntnis zu Jesus Christus als dem Menschgewordenen,

Gekreuzigten und Auferstandenen uneingeschränkt bezeugt wird, und daß die durch den Geist Gottes gewirkte Darstellung und Auslegung der christlichen Botschaft in den Evangelien und in den apostolischen Briefen durch die Jahrhunderte und durch die Jahrtausende unverkürzt bezeugt wird. Dies ist – das kann man schon bei den frühen Kirchenvätern studieren – bei vielem, was sich allgemein „christlich" nennt, leider so nicht gegeben, so daß „katholisch" als Qualitätssiegel für „echt christlich" bürgt!

Heißt katholischsein widerständig, unzeitgemäß zu sein?

Katholischsein heißt aufgeschlossen zu sein, sich den Fragen nach Jesus Christus, nach seiner ursprünglichen Botschaft und seiner Glaubens- und Lebenslehre nicht zu entziehen. Die Botschaft Jesu ist konzentriert zusammengefaßt in der Bergpredigt des Matthäusevangeliums (Kapitel 5–7). Wer sich mit aufgeschlossenem Herzen auf diese Botschaft der Bergpredigt einläßt, wird feststellen müssen, daß es hier nicht um „zeitgemäß" oder „unzeitgemäß" geht, sondern um eine bleibende und in sich gültige und begründete Wahrheit. Es geht dabei um die tiefere Sinnbestimmung des gesamten menschlichen Daseins; um die Beziehung des Menschen zu Gott, zu sich selbst, zu seinem eigenen Lebensauftrag und zum Nächsten, bis hin zur Feindesliebe und dem Bemühen, Frieden und Gerechtigkeit zu schaffen.

So gesehen ist katholisch immer auch zeitgemäß und wegweisend; ist katholisch aus den Quellen begründet und stellt die Frage nach dem Gottesbild, dem Menschenbild und dem Weltbild in eindeutiger Weise klar.

Sind Katholiken als Universalisten denknotwendig Antinationale und Multikulti-Anhänger?

Im Zeitalter des staatlichen Nationalismus in der zweiten Hälfte des 19. Jahrhunderts wurde in der Regel der katholischen Kirche der Vorwurf gemacht, sie sei nicht genügend national eingestellt und würde das jeweilige vaterländische Bewußtsein zu wenig befördern. In der Folge des sogenannten Siebziger Krieges, den der damalige Reichskanzler Bismarck gegen Frankreich ausgelöst hatte, wurde durch die Begründung einer extremen Nationalstaatlichkeit den katholischen Christen in fast allen Länder Europas die nationale Zuverlässigkeit abgesprochen.

Wir bedenken heute viel zu wenig, welche Bedeutung das Erste Vatikanische Konzil, einberufen unter Papst Pius IX., gegenüber diesen nationalistischen Bestrebungen hatte. Das große Verdienst dieses Konzils und Pius' IX. ist nicht zunächst die Definition der päpstlichen Unfehlbarkeit, sondern ist vielmehr eine ganz klare Abgrenzung gegenüber einer extrem nationalstaatlichen Gesinnung, die sich, wie bewiesen, in der Folgezeit als ganz übler Nährboden für die nachfolgenden Weltkriege entwickelt hat. Es ging und geht nie darum, deutsch-katholisch oder französisch-katholisch zu sein, sondern es geht darum, ohne jede Art von Rassismus, Nationalismus und wirtschaftlicher Ausbeutung allen Menschen in gleicher Weise die befreiende Botschaft von der Liebe Gottes in Jesus Christus zu verkünden. Nach dem Ersten Vatikanum hat es aus dieser Grundüberzeugung einen ganz neuen Auftrieb für die Weltmission und damit für die wahrhaft katholische Kirche mit der Gründung sehr vieler sozial und missionarisch ausgerichteter Kongregationen für Priester und für Frauen als Ordensschwestern gegeben.

Katholiken sind wegen ihres Bekenntnisses zur Einmaligkeit der Offenbarung Gottes in Jesus Christus umgekehrt keine „Multikulti-Anhänger", sondern bezeugen in einer respektvollen Toleranz anderen Kulturen und Religionen gegenüber, daß Gott nicht nur Schöpfer des Himmels und der Erde ist – wie seit jeher im Judentum und vom 7. Jahrhundert an im Islam – sondern durch die Menschwerdung seines Sohnes liebender Gott und Vater aller Menschen geworden ist. Diese Botschaft von der unbegrenzten Liebe Gottes in seiner persönlichen Zuwendung zur Menschheit und deren Geschichte, in der Menschwerdung des Sohnes, im gekreuzigten und auferstandenen Jesus Christus muß uneingeschränkt und zugleich auch in einer sachgerechten und gewinnenden Art allen Menschen, allen Suchenden und Fragenden unverfälscht verkündet werden.

VI. Die „Evangelischen“

Was richtete wohl die katholische Kirche bei einem ihrer treuen Gläubigen an, der vor 40 Jahren seinem in eine Protestantin verliebten Sohn allen Ernstes sagte, ein evangelisches Mädchen komme ihm nicht ins Haus? War dieser Gehorsame ein guter Katholik oder ein armer Tropf?

Diese Fragen klingen zeitgemäß und scheinen die Vorurteile gegen die katholische Kirche zu bestätigen. In Wirklichkeit können diese Fragen aber so gar nicht gestellt werden, weil sie der historischen Lebenswirklichkeit und ihrem kirchlichen Hintergrund nicht entsprechen!

Wirklichkeit ist, daß es nach dem furchtbaren Dreißigjährigen Krieg in Deutschland mit seinem nicht zentralen, sondern föderativen System der einzelnen Fürstentümer geschlossene katholische bzw. protestantische Gebiete und Regionen gab. Aufgrund dieser Tatsache und einer viel geringeren Reisemöglichkeit als heute sind sogenannte Mischehen, die gegenwärtig als „konfessionsverbindende Ehen“ bezeichnet werden, so gut wie gar nicht möglich gewesen. Die zahlenmäßig relevante Tatsache konfessionell gemischter Ehen hat sich erst in Verbindung mit der Vertreibung von 17 Millionen Menschen aus den ehemaligen deutschen Ostgebieten ergeben und nochmals verstärkt nach dem Fall der Mauer. Historisch gibt es in diesem Zusammenhang übrigens sogar Erfahrungswerte der frühen Christenheit, nämlich Ehen zwischen Christ und Nichtchrist.

Es entspricht der Wahrheit, daß die katholische Kirche immer sehr deutlich herausgesellt hat, daß es von großem Vorteil im geistlichen Sinne ist, wenn die beiden Ehepartner die gleiche Religion haben, weil damit auch die Voraussetzung gegeben ist für ein geistig verbindendes religiöses

Verhalten Gott und den Nächsten gegenüber. Die Kirche hat aber nie Mischehen verboten, sondern den katholischen Partner darauf festgelegt, nach Möglichkeit die Eheschließung mit dem nichtkatholischen Partner im katholischen Sakramentenverständnis vorzunehmen und künftige Kinder im katholischen Glauben zu erziehen. Diese Überzeugung war und ist vor allem auch von der Grundhaltung bestimmt, daß in der katholischen Kirche die Siebenzahl der Sakramente und die ursprüngliche Botschaft von Jesus Christus ungemindert und unverfälscht erhalten geblieben ist.

Eine extrem intolerante Verfahrensweise seitens des Elternhauses, wie sie in dieser Frage angesprochen wird, kann nicht als typisch katholisch bezeichnet werden, sondern existierte in protestantisch geprägten Gegenden genauso und wird sogar dort bis auf den heutigen Tag noch häufiger beobachtet als in katholisch geprägten Gegenden.

Die Entscheidung, mit einem nichtkatholischen Partner ein dauerhaftes Lebensbündnis einzugehen, ist letztlich in die persönliche Gewissensentscheidung des einzelnen gestellt, wobei der katholische Christ bzw. die katholische Christin ein Bewußtsein vom umfassenden Wert des eigenen Glaubens haben muß. Jeder Versuch, den andersgläubigen Partner auf seine Seite zu ziehen, muß als unfair und unchristlich bezeichnet werden, da dem einzelnen die persönliche Entscheidungsfreiheit von Gott in Verbindung mit seiner Personwürde gegeben ist.

Sind nichtkatholische, beispielsweise die protestantischen Glaubensgemeinschaften, überhaupt Kirchen?

Die Botschaft des Neuen Testamentes und die frühchristliche Glaubenspraxis bezeugen eindeutig, daß Jesus Christus durch die Identität mit den Aposteln eine einzige Glaubensgemeinschaft, eine einzige Kirche begründet hat. Deshalb gibt es auch nur einen einzigen Leib Christi, eine einzige Braut Christi: „Die eine alleinige katholische und apostolische Kirche", der Jesus selbst verheißen hat, daß er diese seine Kirche nie verlassen und vor dem Untergang bewahren werde (vgl. Mt 16,18 u. 18,20). Mit seinem Geist steht Jesus dieser Kirche bei und führt sie durch die Zeiten, damit die Einzigkeit und Einheit der Kirche nie verloren geht (vgl. Joh 16,13).

Diese Kirche Jesu Christi ist in der katholischen Kirche verwirklicht, die vom Papst und von den Bischöfen in Gemeinschaft mit dem Papst geleitet wird. Der lateinische Fachbegriff für „verwirklicht" ist das Wort „subsistit". In dieser Formulierung vereinigt die Kirche zwei Aussagen: auf der einen Seite, daß die Kirche Christi trotz der Spaltungen der Christenheit voll nur in der katholischen Kirche weiterbesteht, und auf der anderen Seite, daß außerhalb ihres sichtbaren Gefüges vielfältige Elemente der Heiligung und der Wahrheit zu finden sind, nämlich in den Kirchen und kirchlichen Gemeinschaften, die nicht in voller Gemeinschaft mit der katholischen Kirche stehen. Bezüglich dieser Kirchen und kirchlichen Gemeinschaften ist festzuhalten, daß deren Wirksamkeit sich von der der katholischen Kirche anvertrauten Fülle der Gnade und Wahrheit herleitet.

Also doch Kirche erster und zweiter Klasse?

Bei den nicht-römisch-katholischen Konfessionen muß man, sehr vereinfacht gesagt, unterscheiden zwischen den protestantischen und den orthodoxen Bekenntnissen. Die *orthodoxen* Kirchen sind mit der katholischen Kirche engstens verbunden durch die apostolische Sukzession und die gültige Feier der Eucharistie. Aus diesem Grund ist die Kirche Christi auch in diesen Kirchen gegenwärtig und wirksam, obwohl ihnen die volle Gemeinschaft mit der katholischen Kirche fehlt, weil sie die katholische Lehre vom Primat nicht annehmen, den der Bischof von Rom nach Gottes Willen objektiv innehat und über die ganze Kirche ausübt. Die *protestantischen* Kirchen sind nicht Kirchen im eigentlichen Sinne, weil sie den gültigen Episkopat und die ursprüngliche und vollständige Wirklichkeit des eucharistischen Mysteriums nicht bewahrt haben. Die in diesen Gemeinschaften Getauften sind aber durch die Taufe Christus eingegliedert und stehen deshalb in einer gewissen, wenn auch nicht vollkommenen Gemeinschaft mit der Kirche. Die Taufe zielt nämlich hin auf die volle Entfaltung des Lebens in Christus durch das vollständige Bekenntnis des Glaubens, die Eucharistie und die volle Gemeinschaft in der Kirche. So schreibt es Dominus Jesus, so ist die Lehre der Kirche. Es geht hier nicht um eine willkürliche Disqualifizierung, sondern um Wesensmerkmale der Bewahrung des ursprünglichen Willens Christi.

Ist die oft zu hörende Redewendung von der „schmerzhaften Spaltung" in katholisch-evangelisch als einem „Skandal" nicht Heuchelei?

Es kann ohne Heuchelei von einer „schmerzhaften Spaltung" gesprochen werden, deren Ursprung vor allem darin zu sehen ist, daß es in der evangelischen Kirche bzw. den evangelischen Teilkirchen und Gemeinschaften kein einheitliches Lehramt gibt. Die Frage nach dem ursprünglichen Verständnis von Eucharistie, und wer diesem christlichen Gottesdienst vorstehen kann, wird bis heute innerhalb des Protestantismus in unterschiedlichster Weise beantwortet. Eine entscheidende Hausaufgabe für die Ökumene besteht deshalb darin, daß innerhalb der protestantischen Kirchen und Gemeinschaften die Frage geklärt wird, wie Jesus Christus dem biblischen Zeugnis entsprechend sein Abendmahl gefeiert und verstanden hat, und wie sich daraus die immer noch gültige Lehre und Praxis der Eucharistiefeier in der katholischen Kirche entwickelt hat. Es soll bei protestantischen Beobachtern, die am Zweiten Vatikanischen Konzil teilnahmen, nach der Verabschiedung der Liturgiekonstitution die Aussage gegeben haben: So wie die katholische Kirche jetzt mit Wort und Sakrament ihren Gottesdienst feiere, sei die ursprüngliche Feier des christlichen Gottesdienstes. In diesem Zusammenhang wird selbstverständlich auch die Frage nach dem Amtsträger und damit auch nach einem möglichen Lehramt neu ins Gespräch kommen müssen. Die bisherigen Stellungnahmen seitens der Vereinigten Evangelisch-Lutherischen Kirche Deutschlands (VELKD) sind in dem genannten Zusammenhang alles andere als eine Hilfe. Ist es beispielsweise im Sinn Christi und der ursprünglichen Glaubenstradition der Kirche, daß jeder Laie der Feier des Abendmahles Jesu vorstehen könne? Hat nicht Jesus bei der Würdigung des gemeinsamen Priestertums aller Gläubigen auch zu dessen Erhaltung die Stiftung des apostolischen Dienstes und seiner Nachfolger begründet?

Darf Rom nicht insgeheim darauf spekulieren, daß der Erosions- und Säkularisierungsprozeß der evangelischen Kirchen zu einem Ausbluten führt?

Von einer Spekulation, die womöglich noch mit Schadenfreude verbunden ist, kann überhaupt nicht die Rede sein, aber von einer sehr großen Besorgnis. Der teilweise Säkularisierungsprozeß der evangelischen Kirchen mindert das gesamte christliche Zeugnis in der Gesellschaft auf nicht wiedergutzumachende Weise. Die Frage nach den „Werten“ ist deshalb neu aufgebrochen, weil eine allgemeine Orientierung für die Sinnstiftung des menschlichen Daseins und der Gestaltung einer menschenwürdigen Gesellschaft in erschreckender Weise verloren geht. Die Fragen „Wer ist der Mensch? Wie ist es um seine Personwürde bestellt? Ist die ungeheure Zahl von sieben Millionen Abtreibungen innerhalb der vergangenen 25 Jahre in der Bundesrepublik Deutschland nicht eine gewaltige Bedrohung der Menschheit überhaupt? Wie steht es mit einer in sich begründeten und dauerhaften Beziehung in einer partnerschaftlichen Ehe und mit Begründung einer Familie? Wie können neue Beziehungen zu Gott und seiner Heilsbotschaft aufgebaut werden und dadurch auch sinnstiftend sein für das menschliche Dasein?“ können und müssen wir als Christen unabhängig von einer engeren Kirchenzugehörigkeit in Angriff nehmen, zum größeren Wohl des Ganzen und zum Erhalt einer menschenwürdigen Gesellschaft. Hier ist Ökumene nicht nur möglich, sondern dringend gefordert, um die Menschen als einzelne vor einer noch größeren Verunsicherung zu bewahren und die Gesellschaft vor einem Verfall in die totale Oberflächlichkeit eines Libertinismus, einer radikalen Freizügigkeit zu beschützen. In dieser geistigen Auseinandersetzung müssen alle christlichen Kräfte, unabhängig von der vollkommenen oder auch noch nicht ganz vorhandenen Einheit in der einen Kirche Jesu Christi, zusammenwirken. Dies ist eine Herausforderung für alle, die den Namen eines „Christen“ tragen!

Warum soll sich Rom mit einer schwächelnden „Firma“ arrangieren, wenn es die Möglichkeit zur friedlichen Übernahme sieht?

So gestellt ist die Frage einerseits provozierend und andererseits wegen der gegenseitigen christlichen Wertschätzung verletzend. Es gibt durchaus ernstzunehmende evangelische Theologen und Gemeindeglieder, die zu Recht feststellen, daß die katholische Kirche sich im Gegensatz zu ihrer eigenen Kirche nicht billig macht, nicht das sich ständig ändernde „Kostüm des Zeitgeistes" anzieht, und die deshalb der Forderung Martin Luthers, dem Wort Gottes unverbrüchlich treu zu bleiben, wirklich entsprechen.

Es gibt nicht wenige evangelische Christen, die an der Anpassungsbereitschaft ihrer Kirche sehr leiden und die sich deshalb auch sehr ernsthaft mit dem Gedanken einer Konversion auseinandersetzen. Derartige Erfahrungen sind für überzeugte Protestanten sehr schmerzlich, und zugleich wäre es töricht, wenn innerhalb der katholischen Kirche die Bereitschaft von sich so bedrängt fühlenden Christen zum Übertritt zur katholischen Kirche abgelehnt würde. Auf gar keinen Fall darf dies aber mit einer Respektlosigkeit gegenüber der anderen Konfession verbunden werden. In diesem Zusammenhang muß nochmals die schmerzliche Erfahrung von einem fehlenden Lehramt und damit von einer fehlenden Identität innerhalb der Kirchen der Reformation bzw. protestantischer Gemeinschaften angesprochen werden. Dieser Mangel wird in künftigen ehrlichen Gesprächen über die Ökumene eine sehr große Herausforderung sein.

Sind die an der Ökumene Interessierten „panchristiani", Allerweltschristen, wie dies Pius XI. in einer Enzyklika 1928 despektierlich verlauten ließ?

Papst Pius XI. behandelt in seiner Enzyklika „Mortalium animos" von 1928, die sich dem Thema der Förderung der wahren Einheit der Religion zuwendet, ein auch heute höchst aktuelles, also sehr modernes Problem. Pius XI. wendet sich gegen relativistische Theorien und Strömungen sowie gegen einen religiösen Pluralismus. Mit dem Begriff „Panchristen“ meint der Papst Vertreter eines Christentums, die wesentliche katholische Elemente, die diese Kirche konstituieren, aufgeben, um einem falschverstandenen „Alle sollen eins sein“ zu huldigen.

Wie weitsichtig der Papst damals war, zeigt eine Formulierung aus eben dieser Enzyklika, die auch für die heutige Zeit überaus zutreffend ist. Als irrig wird jene Auffassung bezeichnet, „alle beliebigen Religionen seien mehr oder weniger gut und empfehlenswert; sie seien eben alle eine, wenn auch nicht einzigartige, so doch gleichmäßig berechtigte Äußerung des den Menschen von der Natur mitgegebenen und angeborenen Sinnes, der uns auf Gott hinordnet und zur gehorsamen Anerkennung seiner Oberherrschaft führt.“

Daß die Kirche Christi verwirklicht ist (subsistiert) in der katholischen Kirche, die vom Nachfolger Petri und von den Bischöfen in Gemeinschaft mit diesem geleitet wird, ist unaufgebbares und wesentliches Glaubensgut. Dies entbindet zugleich nicht von ökumenischen Bestrebungen, denn das eben Gesagte schließt, wie das Zweite Vatikanische Konzil gesagt hat, „nicht aus, daß außerhalb ihres Gefüges vielfältige Elemente der Heiligung und der Wahrheit zu finden sind, die als der Kirche Christi eigene Gaben auf die katholische Einheit hindrängen.“

In beeindruckender und wohlbegründeter Weise hat der jetzige Papst Benedikt XVI. auf die Gefahr des Relativismus hingewiesen, da durch den Relativismus die Frage nach der Wahrheit geleugnet und dem fragenden und suchenden Menschen jede Art von Orientierung und geistlicher Beheimatung verweigert wird.

Die philosophische Richtung des Relativismus kennt nur „eine Wahrheit“, nämlich die, „daß es keine Wahrheit gibt“. Diese in sich widersprüchliche und völlig unbegründete

Aussage steht in krassem Gegensatz zum Zeugnis Jesu Christi: „Ich bin der Weg, die Wahrheit und das Leben“ (Joh 14,6).

Macht sich etwas vor, wer an große Chancen der Ökumene mit den Kirchen der Reformation glaubt?

Die sakramentale Struktur der Kirche kann und darf nicht zur Disposition gestellt werden. Dadurch wird die Ökumene mit den Kirchen der Reformation sehr schwierig, weil die Fülle der sieben Sakramente, auch das Weihesakrament und das eindeutige Eucharistieverständnis von evangelischen Christen beziehungsweise namhaften protestantischen Theologen so bis heute nicht nachvollzogen wird.

VII. Der Papst

Stärkt Papst Benedikt XVI. deutsches katholisches Selbstbewußtsein? Laut einer Umfrage von Mai 2005 sagen 46 Prozent der 14–19jährigen Deutschen aus, durch die Papstwahl Joseph Ratzingers sei der christliche Glaube in Deutschland wichtiger geworden. Oder ist das ein Strohfeuer?

Wer sich mit der Persönlichkeit des jetzigen Papstes Benedikt XVI., vormalig Prof. Dr. Joseph Ratzinger, dann Erzbischof von München und 24 Jahre lang Präfekt der Glaubenskongregation, auseinandersetzt, wird ohne Zögern feststellen können, daß durch diese Persönlichkeit das deutsche Selbstbewußtsein gestärkt werden kann.

Über Joseph Ratzinger ist viel geschrieben worden, viele Menschen haben mehr oder weniger sachliche Aussagen über ihn gelesen, aber wer hat seine Schriften gelesen? Wer sich mit dem Schrifttum des jetzigen Papstes auseinandersetzt, wird feststellen können, daß es sich um einen universalkatholisch gebildeten Theologen handelt. Keiner der anderen deutschen Theologen hatte es gewagt, einen geistigen Schlagabtausch mit dem bekannten Philosophen und Agnostiker Habermas vorzunehmen. Vielen Deutschen ist es auch nicht bewußt, daß der jetzige Papst seit vielen Jahren aktives Mitglied der berühmten Académie Française von Paris ist, die nur ausgesuchteste Persönlichkeiten und Begabungen in ihre Reihen aufnimmt.

Von diesem Papst ist mit Sicherheit auch zu erwarten, daß er durch seine Bereitschaft, in einer vornehmen Weise intellektuelle Schlagabtausche aufzunehmen, sicher viele Intellektuelle und auch Agnostiker auf sich aufmerksam machen wird. Mit großer Wahrscheinlichkeit werden die Gottesfrage und auch die Frage nach einer tieferen Sinnbestimmung für das Leben neu ins Gespräch kommen.

Das klingt nach einem Papst für die Geistesgrößen. Erreicht der Intellektuelle Benedikt auch die breite Masse?

Davon haben seine Amtseinführung in Rom und der Weltjugendtag in Köln nun wirklich beredt Zeugnis gegeben! Die von 46 Prozent der 14–19jährigen Deutschen geäußerte Erwartung, daß durch den jetzigen Papst der christliche Glaube in Deutschland wieder wichtiger geworden sei, halte ich für durchaus realistisch. Diese realistische Zuversicht ist dadurch begründet, daß der Papst nicht im üblichen Sinn des Wortes ein „Traditionalist" ist, sondern ein herausragender Kenner der Geistes- und Theologiegeschichte sowohl im Bereich der Entfaltung der griechischen Metaphysik als auch im Bereich der Entwicklung der christlichen Philosophie und Theologie. Er ist zudem ein hervorragender Kenner der gegenwärtigen unterschiedlichen Daseinsentwürfe, philosophischen und theologischen Strömungen, mit denen er sich nicht durch Verbote, sondern durch eine verbindliche und klare Weise der Auseinandersetzung befaßt.

Die Bild-Zeitung titelte anläßlich der Wahl Joseph Kardinal Ratzingers zum Papst nicht ohne Witz: „Wir sind Papst!" Das spiegelt eine gewisse Freude und einen gewissen Stolz wider, aber doch eher auf dem Niveau einer gewonnenen Fußballweltmeisterschaft. Vielleicht ist es nicht gerade ein Strohfeuer, aber diesem Feuer muß substantielle Nahrung zugeführt werden: spirituell und auf der Ebene des Glaubenswissens. In Deutschland herrscht auf diesem Gebiet weitgehend Ebbe. Hierfür könnte die Papstwahl sicherlich einen guten Anlaß bieten. Nur muß man die Gelegenheit auch wahrnehmen.

Sind Sie als deutscher Katholik stolz auf den neuen Papst?

Die Aussage, daß ich „stolz" bin auf diesen neuen Papst, könnte oberflächlich und dadurch mißverständlich gedeutet werden. Ich bin eher sehr dankbar für diesen neuen Papst und sehe in seiner Wahl – man bedenke das sehr kurze Konklave – das Wirken des Heiligen Geistes auch in unserer Zeit, zumal auch viele nichtdeutsche katholische Christen in der weltweiten Kirche über diese Wahl sehr dankbar und glücklich sind. Für mich als katholischer Christ ist es unabhängig von der nationalen Zugehörigkeit des Papstes vor allem wichtig, daß er ein Papst ist, der für die gegenwärtige Kirche und damit auch für die heutige Welt ein überzeugender, geisterfüllter und religiöser Wegweiser ist.

Was sollte dieses Pontifikat kennzeichnen?

Persönlich wünsche ich mir in einer ganz realistischen Vorstellung, daß dieses neue Pontifikat von einer geisterfüllten Auseinandersetzung gekennzeichnet sein wird; eine Auseinandersetzung, die ganz neu die Bedeutung der Gottesfrage herausstellt und in Verbindung damit mit aller Entschiedenheit die Frage stellt: Wer ist der Mensch wirklich? Gerade auch diese Frage spielt im Zeitalter der Gentechnologie eine herausragende Rolle. Ist der Mensch vom ersten Ursprung seiner Existenz an eine manipulierbare Zellmasse, die ausgeschlachtet werden kann, oder ist der Mensch ein eigenständiges Individuum vom ersten Augenblick seines Daseins an, über das nicht verfügt werden darf? Die Friedensethik der katholischen Kirche wird durch diesen Papst weiterentwickelt werden, vor allem auch in Verbindung mit der Forderung nach mehr sozialer Gerechtigkeit zwischen der nördlichen und südlichen Erdhemisphäre.

Nicht vergessen werden darf das Bemühen um eine rechtverstandene Ökumene. Es wird sicher zu einer größeren Annäherung zwischen den Kirchen des Ostens und der lateinischen Kirche des Westens kommen.

Ist nicht das Amt des Papstes selbst der dickste Felsbrocken auf dem Weg zu christlicher Einheit?

Die Frage nach dem Primat, das heißt nach der obersten Kirchenführung, wie sie der Papst als sichtbarer Stellvertreter Jesu Christi wahrnimmt, muß nicht ein unüberwindbares Hindernis oder ein Stolperstein sein. Ich sehe da andere „Felsbrocken“: Die Ökumene mit den Kirchen bzw. kirchlichen Gemeinschaften der Reformation wird sich nicht als unmöglich, aber doch als wesentlich schwieriger erweisen als mit den Kirchen der Orthodoxie. Entsprechendes gilt für das ökumenische Bestreben der orthodoxen Schwesterkirchen mit den Kirchen und kirchlichen Gemeinschaften der Reformation. Unweigerlich muß die Wahrheitsfrage nach dem ursprünglichen Willen Jesu bei der Feier seines letzten Abendmahles gestellt werden und in Verbindung damit die Frage nach dem urchristlichen Eucharistieverständnis in Verbindung mit dem Weihesakrament in der Nachfolge der Apostel. Diese grundsätzliche Frage nach der ursprünglichen christlichen Wahrheit darf nicht verschleiert werden durch den Begriff einer „versöhnten Verschiedenheit“, da dieser Begriff einem religiösen Relativismus Tür und Tor öffnen würde.

Eine versöhnte Verschiedenheit kann es durchaus geben im Bereich liturgischer und spiritueller Formen und gottesdienstlicher Gestaltungen, wobei aber die ursprünglich christliche und damit auch katholische Wahrheit und das damit verbundene Kirchenverständnis nicht verspielt werden dürfen.

Ratzinger ist nicht nur ein gebildeter und kultivierter Mensch, sondern auch ein streitbarer, bewahrender Geist, der bewußt Grenzen setzt und als Präfekt der Glaubenskongregation auch zum Entsetzen mancher Liberaler gesetzt hat.

Der Papst ist ein Mann von grandioser theologischer und philosophischer Bildung, er verfügt über einen scharfen und umfassenden Geist. Dazu kommt eine große Bescheidenheit, was die eigene Person betrifft. Eine konkrete Aussage hinsichtlich eines Leitthemas läßt sich sicherlich bereits jetzt machen. Schon bei seiner Predigt zum Beginn des Konklaves wies der damalige Kardinal auf die Gefahr des Relativismus hin. Dieses Thema griff und greift er immer wieder auf.
In der Tat ist der Relativismus ein bestimmendes Merkmal unserer „postmodernen" Zeit. Diese Gefahr manifestiert sich besonders in der „Pluralistischen Religionstheologie" – bis hinein in die inneren Bereiche der katholischen Kirche. Was das bedeutet, bringt die Erklärung Dominus Jesus von 2000 prägnant auf den Punkt: „Die immerwährende missionarische Verkündigung der Kirche wird heute durch relativistische Theorien gefährdet, die den religiösen Pluralismus nicht nur de facto, sondern auch de iure oder prinzipiell rechtfertigen wollen. In der Folge werden Wahrheiten als überholt betrachtet, wie etwa der endgültige und vollständige Charakter der Offenbarung Jesu Christi, die Natur des christlichen Glaubens im Verhältnis zu der inneren Überzeugung in den anderen Religionen, die Inspiration der Bücher der Heiligen Schrift, die personale Einheit zwischen dem ewigen Wort und Jesus von Nazareth, die Einheit der Heilsordnung des fleischgewordenen Wortes und des Heiligen Geistes, die Einzigkeit und die Heilsuniversalität Jesu Christi, die universale Heilsmittlerschaft der Kirche, die Untrennbar-

keit – wenn auch Unterscheidbarkeit – zwischen dem Reich Gottes, dem Reich Christi und der Kirche, die Subsistenz der einen Kirche Christi in der katholischen Kirche." Es lohnt sich, die weiteren Ausführungen der Erklärung gründlich zu studieren.

Gehört das Papstamt zum katholischen Kern, ist es ein „Alleinstellungsmerkmal", wie man im Marketing sagt?

Das Papstamt ist deshalb eine wesentliche Ausprägung des ursprünglichen katholischen Glaubens, da es durch Jesus Christus in der Gestalt des Petrus begründet worden ist, wie im Matthäusevangelium (16,18) zu lesen. Dabei geht es nicht um starres Festhalten an historisch überholten Vorstellungen. Im Neuen Testament wird Petrus an etlichen Stellen eine Position zugewiesen, die ihn deutlich aus der Zwölferschar heraushebt (z. B. Mt 10,2: „an erster Stelle Simon, genannt Petrus"; Apg 2,14: „Da trat Petrus auf, zusammen mit den Elf").

Petrus bekennt unmißverständlich stellvertretend für die anderen Jesus als den Messias (Mt 16,13 ff.). Es gilt auch das Wort des Auferstandenen an Petrus: „Weide meine Lämmer!" (Joh 21,15 ff.).

Der Katechismus zitiert hier das Konzil: „Als Christus die Zwölf bestellte, setzte er sie nach Art eines Kollegiums oder eines beständigen Zusammenschlusses ein, an dessen Spitze er den aus ihrer Mitte erwählten Petrus stellte." Dieses Hirtenamt des Petrus und der anderen Apostel gehört zu den Grundlagen der Kirche und wird unter dem Primat des Papstes von den Bischöfen weitergeführt.

Die in der Vergangenheit auch mißbrauchte päpstliche Machtballung schreckt heute viele Menschen ab, weil sie nicht mehr in die weithin demokratisierte Welt paßt.

Das Papstamt darf und kann nie als eine Art unterdrükkendes oder bevormundendes Machtinstrument verstanden werden, weil dies der Person Jesu Christi und der Botschaft des Neuen Testaments radikal widersprechen würde. Möglicher Mißbrauch in der geschichtlichen Vergangenheit muß deshalb eindeutig als Verirrung bezeichnet werden, kann aber nie als begründete Handhabe gegen das Petrusamt, das die Grundlage für den päpstlichen Dienst ist, gelten. Überhaupt sollte besser von einem päpstlichen Dienstamt gesprochen werden als von einem Papstamt, da der Nachfolger des hl. Petrus durch den Beistand des Heiligen Geistes die herausragende Aufgabe hat, die Einheit im ursprünglichen katholischen Glauben und die Einheit in der kirchlichen Gemeinschaft zu bewahren und gegen Glaubensabfall und Irrtum mit Entschiedenheit zu verteidigen.

Für einen deutschen Richter ist es sicherlich das höchste, ans Bundesverfassungsgericht gewählt zu werden, über dem sich nach einem alten Spruch „nur noch der weite Himmel wölbt". Ist es für einen katholischen Bischof das höchste auf Erden, zum Kardinal kreiert und danach zum Papst gewählt zu werden?

Die Berufung zum priesterlichen Dienst in Verbindung mit der christlichen Ehelosigkeit um des Himmelreiches willen, das bedeutet in der ganz persönlichen Nachfolge Jesu, ist ein zuinnerst persönliches Angesprochensein des einzelnen durch den gekreuzigten und auferstandenen Jesus Christus. Diese Berufung muß ein ganzes Leben lang durch die persönlich geförderte Christusverbundenheit gepflegt und festgehalten werden. Mit den Worten des Apostels Paulus kann diese intensive Christusverbundenheit so beschrieben werden: „Nicht mehr ich lebe, sondern Christus lebt in mir" (Gal 2,20). Mit dieser Aussage kann in richtig verstandenem Sinn festgehalten werden, daß sich „der Himmel nicht über uns wölbt“, sondern daß wir durch Jesus Christus den Himmel schon anfanghaft in uns tragen.

Die tägliche Anforderung im Bemühen um eine wahre Christus-Mystik gilt genauso für den Bischof. Ob ein Bischof zum Kardinal kreiert wird und ihm dann bei einer möglichen Papstwahl das oberste Kirchenamt übertragen wird, kann und darf nie mit einem weltlichen Karrieredenken gleichgesetzt werden, sondern ist eine Berufung von Jesus Christus her, die für den Betroffenen mit höchsten Anforderungen verbunden ist.

Kardinal Lehmann sagte, wer das Papstamt anstrebe, müsse verrückt sein. Überfordert dieses Amt einen Menschen?

Rein menschlich gesehen, überfordert dieses einzigartige Amt einen Menschen, und realistisch gesehen kann eine derartige Aufgabe nur in einem ganz demütigen und zugleich vertrauensvollen Glauben gegenüber der Treue und beständigen Führung Gottes übernommen werden, in Verbindung mit der Zusage Jesu: „Fürchtet euch nicht! Ich bin bei euch alle Tage eures Lebens“ (Mt 28,5.20).

Ist es noch zeitgemäß, das Papstamt so zu überhöhen? Oder ist gerade die Mystifizierung des Papstes ein gewollter, womöglich genialer katholischer Marketingtrick?

Die Ausübung des päpstlichen Dienstamtes durch Johannes Paul II. in einem Zeitraum von fast 27 Jahren hat vor aller Welt deutlich gemacht, daß dieses Papstamt nicht mit einem „genialen katholischen Marketingtrick“ überhöht, auch nicht „mystifiziert“ worden ist, weil der Papst selbst in einer ungebrochenen und überzeugenden Haltung für Jesus Christus, für die Personwürde des Menschen und für die unaufgebbare geoffenbarte Wahrheit Gottes eingetreten ist.

Bis ins hohe Alter ist er bei aller körperlichen Gebrechlichkeit und schwersten Krankheitssymptomen dieser Aufgabe treu geblieben und hat gerade durch diese Treue unendlich viele Menschen überzeugt. Er ist durch seine Geradlinigkeit wie von selbst die einzige allgemein anerkannte moralische Instanz geworden.

Können Sie sich vorstellen, daß der Papst einmal eine Art bloßer Sprecher der Christenheit sein wird und im Gegenzug Macht abgibt? Die Enzyklika Ut unum sint hat 1995 entsprechende Spekulationen ausgelöst.

Das Dienstamt des Papstes kann von der gesamten Glaubenstradition der Kirche her nicht reduziert werden auf eine Art „Sprecherrolle" innerhalb der Christenheit. In der Regel kann ein Sprecher durchaus sinnvolle und hilfreiche Ratschläge geben, die dann aber nicht unbedingt befolgt werden müssen. Gleichzeitig muß betont werden, daß das päpstliche Dienstamt nichts zu tun hat mit einer Art „willkürlicher Unfehlbarkeit", wie nicht wenige fälschlicherweise meinen. Das Leitungsamt des Papstes muß immer auch in Verbindung mit dem Bischofskollegium gesehen werden. Es hat von Anfang an bis heute die für die Kirche lebenswichtige Aufgabe, die Einheit im unverfälschten Glauben zu bewahren und die Einheit innerhalb der Christenheit zu fördern. Nur sehr selten hat der Papst direkt ex cathedra gesprochen, das heißt eine in sich wahre und gültige Aussage über die Glaubens- und Sittenlehre gemacht, nachdem er sich in der Regel dazu vorher mit den Bischöfen abgesprochen hatte.

Die Enzyklika hält in eindeutiger Weise an der überlieferten Lehre des päpstlichen Primates fest. Es wird die Bedeutung dieser Frage hinsichtlich der Ökumene herausgestellt, nicht jedoch irgendeine Reduktion angestrebt. In

Ut unum sint schreibt der Papst: „Ich bin überzeugt, diesbezüglich eine besondere Verantwortung zu haben, vor allem wenn ich die ökumenische Sehnsucht der meisten christlichen Gemeinschaften feststelle und die an mich gerichtete Bitte vernehme, eine Form der Primatsausübung zu finden, die zwar keineswegs auf das Wesentliche ihrer Sendung verzichtet, sich aber einer neuen Situation öffnet."

Was sagen Sie einem Kirchengegner, der auf das Sündenregister der Kirche in vergangenen Jahrhunderten verweist und daraus den Schluß zieht, wer sich so häufig geirrt habe, habe ein bleibendes Glaubwürdigkeitsdefizit?

In unerschrockener Weise würde ich jeden Kirchengegner fragen, ob er nicht auch vor seiner eigenen Haustüre zu kehren habe. Innerhalb der Kirche ist nämlich immer wieder, nicht zuletzt durch den Verweis auf das Bußsakrament, die Bereitschaft zur Umkehr, zur persönlichen, aber auch zur gemeinschaftlichen Erneuerung im Glauben und im christlichen Leben, gefordert worden. Im Gegensatz zu anderen Religionen sind innerhalb der Kirche menschliche Verirrungen und Einseitigkeiten niemals mit dem Hinweis auf Jesus Christus oder das Evangelium begründet worden.

Die Kirche selbst ist, da sie sich aus begrenzten und fehlbaren Menschen zusammensetzt, eine Gemeinschaft semper reformanda, das heißt, sie muß immer umkehrbereit sein auf Jesus Christus und auf die neutestamentliche Botschaft hin. Gleichzeitig erhebt sie aber auch den Anspruch, daß sie „heilig" ist, weil der „Allheilige", nämlich Jesus Christus durch die Wirkkraft seines Geistes mit ihr und durch sie durch die Jahrhunderte und Jahrtausende geht und in wesentlichen Dingen hinsichtlich des Glaubens und der Sitten, also des christlichen Lebens, die Kirche vor Glaubensabfall und Irrtum bewahrt.

Papst Pius IX. veröffentlichte 1864 eine Liste sogenannter modernistischer Irrtümer, wonach es zum Beispiel häretisch sei, es Menschen freizustellen, sich zu einer Religion zu bekennen, von deren Wahrheit sie überzeugt sind. In einem Rundschreiben desselben Jahres erklärte der Papst die Forderung nach Gewissens- und Religionsfreiheit für unvereinbar mit der katholischen Lehre. Waren das nicht päpstliche Sünden wider die Menschenrechte?

Der Syllabus von 1864 ist eine Sammlung von Irrtümern, die der Papst für unvereinbar mit dem Glauben erklärte. Unter anderem verwarf er den Indifferentismus, der sagt: „Es steht jedem Menschen frei, diejenige Religion anzunehmen und zu bekennen, die man, vom Lichte der Vernunft geführt, für wahr erachtet." Mit dieser, manchen vielleicht mißverständlichen Aussage, wollte der Papst eindeutig herausstellen, daß es nicht mehrere Wahrheiten geben kann, da es sonst überhaupt keine Wahrheitserkenntnis gibt. Ich erwähnte es bereits: Vor dem letzten Konklave zur Papstwahl nach dem Tode Johannes Pauls II. hat der damalige Kardinaldekan Joseph Kardinal Ratzinger eine vielbeachtete Rede über den Relativismus gehalten. Dabei stellte der jetzige Papst Benedikt XVI. zu Recht fest, daß der Mensch durch seine Verstandesfähigkeit dazu berufen ist, nach der Wahrheit zu suchen und auf diesem Weg die Aussagen der göttlichen Selbstmitteilung im Alten und im Neuen Bund nicht zu vernachlässigen. Kurz gesagt muß festgestellt werden, daß es immer dann zur höchsten Wahrheitserkenntnis kommt, wenn sich die vernünftigen, natürlich menschlich begrenzten Erkenntnisse mit den Aussagen der göttlichen Offenbarung in einem „deckungsgleichen Bereich" treffen.

Gerade in unserer Zeit und Gesellschaft mit einer Fülle von Angeboten verschiedener Daseinsentwürfe und unterschiedlichster religiöser Vorstellungen muß die indifferente

Aussage als in sich irrig und unvernünftig bezeichnet werden, die den Anspruch erhebt: „Es gibt nur eine Wahrheit, nämlich die, daß es keine Wahrheit gibt.“ Diese Aussage ist schon deshalb unmenschlich, weil es zum Menschsein gehört, immer wieder neu nach dem wirklich Wahren und Bleibenden zu fragen.

Und was wahr ist, sagen uns Papst und Bischöfe?

Das ist so. Sie spielen auf eine Äußerung Kardinal Meisners an. Die Aussage von Kardinal Meisner muß richtig verstanden werden. Er meint die Frage nach der umfassenden Wahrheit, die Aussagen der Offenbarung Gottes, besonders im Höhepunkt seiner Selbstmitteilung durch Jesus Christus. Diese vollkommene Wahrheit, die angenommen und ernst genommen werden muß, hat die Kirche bis zum heutigen Tag unverkürzt verkündet. Deshalb kann zu Recht gesagt werden: Was wirklich Wahrheit im umfassenden Sinn des Wortes ist, sagt uns die Kirche.

Verehren Sie den verstorbenen Papst, wie dies viele Katholiken in Polen bereits tun, als Heiligen? Wie oft sind Sie ihm persönlich begegnet?

Ich verehre den im April verstorbenen Papst sehr, weil er für alle erkennbar zuinnerst von der Person Jesu Christi überzeugt war und in einer wegweisenden und unverfälschten Art das Evangelium verkündet hat. Was er gesagt und getan hat, davon war er tief überzeugt. Er war absolut identisch mit seiner Botschaft, was zur Folge hatte, daß er in der ganzen Welt besonders auch die Jugendlichen angesprochen hat und nicht auf sich selbst, sondern immer auf Jesus Christus und den befreienden Anspruch des Evangeliums verwiesen hat.

Bewegend und zugleich unvergessen bleibt sein Schuldbekenntnis im Heiligen Jahr 2000, in dem er an der Klagemauer in Jerusalem für alle Sünden um Vergebung gebeten hat, die in der Kirchengeschichte geschehen sind und durch die katholische Christen anderen Menschen geschadet haben. Namhafte Journalisten sprachen davon, daß es im menschlichen Gedächtnis unauslöschlich festgeschrieben bleibe, wie der altgewordene Papst ohne Begleitung seine Bitte der Sündenvergebung für alle Verfehlungen gegenüber dem jüdischen Volk in der Klagemauer zu Jerusalem niedergelegt hat. Zu Recht müssen wir uns fragen: Haben Vertreter anderer Religionen jemals den Mut gehabt, eine derartige öffentliche Bitte um Sündenvergebung auszusprechen?

Nach meiner Ernennung zum Bischof von Eichstätt am 24. Februar 1996 habe ich den Papst persönlich in einem längeren Gespräch kennengelernt und war danach noch zu mehreren Begegnungen, auch mit Eichstätter Theologiestudenten, in seinen persönlichen Amtsräumen.

War Johannes Paul II. in seiner Zeit der „Bedeutendste unter den Lebenden", wie es der bayerische Politiker und Protestant Peter Gauweiler nach einer Audienz gesagt hat?

Der Aussage von Peter Gauweiler kann ich meine volle Zustimmung geben, da sich alle gutwilligen Menschen, nicht nur innerhalb der katholischen Kirche, sondern in der ganzen Welt an der Glaubensgestalt des Papstes aufgerichtet haben und durch seine klaren und unmißverständlichen Aussagen, nicht zuletzt zum Thema Krieg und Frieden, sowie durch seine Forderung nach mehr Gerechtigkeit im Zusammenleben der Völker, Orientierung gefunden haben.

Kaltgestellte Theologen wie Hans Küng oder Eugen Drewermann scheinen bei ihrer vornehmlich gegen das Papstamt ge-

richteten Kritik oft exakt die Unfehlbarkeit für sich in Anspruch zu nehmen, welche sie dem Papst bestreiten ...

In der Tat! Dazu gibt es eine nette Geschichte: Dem „großen Theologen Hans Küng" wurde angekündigt, daß er mit Sicherheit der nächste Papst der katholischen Kirche sein werde. Über diese Meldung erschrak er sehr und antwortete ablehnend: „Dann bin ich ja nicht mehr unfehlbar!"

Die Unfehlbarkeit ist immer wieder Stein des Anstoßes. Sie bedeutet nicht, daß jede zu irgendeinem beliebigen Anlaß getätigte Äußerung des Papstes unfehlbar sei.

Denn Gegenstand der Unfehlbarkeit sind ausschließlich Fragen des Glaubens und der Sitten. Und die Bedingung für Unfehlbarkeit ist, daß der Papst ex cathedra spricht. Dazu ist, ich darf hier einfach einmal ein klassisches Lehrbuch der Dogmatik zitieren, erforderlich „a) daß er als Hirte und Lehrer aller Gläubigen mit dem Einsatz seiner höchsten apostolischen Autorität spricht. Wenn er als Privattheologe oder als Bischof seiner Diözese spricht, ist er nicht unfehlbar; b) daß er die Absicht hat, eine Glaubens- oder Sittenlehre endgültig zu entscheiden, so daß sie von allen Gläubigen festzuhalten ist. Ohne diese Absicht, die aus der Formulierung oder aus den Umständen deutlich erkennbar sein muß, kommt eine Kathedralentscheidung nicht zustande. Die meisten Lehräußerungen der Päpste in ihren Enzykliken sind keine Kathedralentscheidungen" (nach Ludwig Ott).

Suchen deutsche Katholiken zu sehr das Haar in der Suppe ihrer Kirche? Wird zuviel hinterfragt und zu wenig selbstverständlich katholisch geglaubt?

Vermutlich aus einer Haltung völliger Selbstüberschätzung sind wir Deutsche immer noch in Gefahr, fortwährend spitzfindigst das Haar in der Suppe der Kirche zu suchen. In Fülle werden vordergründige Fragen gestellt, und viel zu wenig wird eine geistliche Vertiefung in der Christusbeziehung und im Wissen um die Botschaft des Evangeliums angestrebt.

Was nützt es, wenn mit großem Propagandaaufwand ein „Jahr der Bibel" ausgerufen wird, wenn aber der einzelne sich zu wenig intensiv mit den Aussagen der Bibel, besonders mit denen des Neuen Testamentes beschäftigt? Die Kirche lehrt nichts anderes als das, was Jesus gelehrt, gelebt und erlitten hat und was in den Zeugnissen der Evangelien glaubwürdig belegt ist. Sich immer wieder daran neu auszurichten, führt allein zu einer echten Spiritualität, zu einer nüchternen Selbsteinschätzung und zu einer großen Dankbarkeit gegenüber der Geistführung innerhalb der katholischen Kirche, die diese über 2000 Jahre vor Glaubensabfall und vor Irrtum im Wesentlichen der Glaubensoffenbarung bewahrt hat. Selbstbescheidung und nüchterne Selbstkritik würden wesentlich mehr zur Erneuerung des kirchlichen Lebens beitragen, als Schuldzuweisungen, die oft sehr oberflächlich und von Vorurteilen geprägt sind.

Strotzt nicht so mancher Kritiker der sogenannten Amtskirche vor frappierendem Halb- oder Nichtwissen?

Man sollte den wenig glücklichen Begriff „Amtskirche" wirklich vermeiden. Er suggeriert die Vorstellung, als gäbe es zwei Kirchen: die des Amtes und „unter" dieser die der Laien. Und es ist schon richtig, daß viele Kritiker eher von einer subjektiven Abneigung gegen die Kirche und von Vorurteilen geleitet werden als von wirklichem Wissen. Für eine sachgerechte und punktuelle Information ist der Katechismus der katholischen Kirche eine sehr große Hilfe und könnte mit Leichtigkeit viel Halb- oder gar Nichtwissen überwinden lehren und dadurch auch manche Kritiker vor Blamagen bewahren.

Ratzinger sprach als Kardinal an Karfreitag 2005 im römischen Kolosseum von Priestern, die das Wort Gottes verdrehten und mißbrauchten. In vielen Theorien sei wenig Glaube. In der Kirche gebe es viel Schmutz und auch Hochmut und Selbstherrlichkeit unter dem Klerus. Starker Tobak. Richtig?

Die Aussage des damaligen Kardinals Joseph Ratzinger läßt nichts an Deutlichkeit zu wünschen übrig. Mit dieser Aussage sprach der damalige Kardinal unmißverständlich von der Bereitschaft zur Selbstreinigung bzw. Erneuerung innerhalb der Kirche, die vor allem unter dem Klerus beginnen muß. Jeder katholische Christ, besonders aber auch jeder Priester wirkt dann abstoßend, wenn Hochmut und Selbstherrlichkeit, vor allem Selbstdarstellung bei der Feier der Liturgie offensichtlich sind. Nur die Ausrichtung an dem wirklich demütigen und sich hingebenden Jesus Christus kann zu einer geistlichen Erneuerung in der gesamten Kirche führen und gibt besonders auch jedem Priester die Bereitschaft, sich geistlich zu vertiefen, sich selbst nüchtern einzuschätzen und aus der Christusverbundenheit wahre Demut, das ist Mut zum Dienen, zu lernen. Nur so können „Schmutz, Hochmut und Selbstherrlichkeit“ überwunden werden.

VIII. Töten, Heilen, Selbsttöten

Ist es unkatholisch, mit menschlichen Embryonen zu forschen, um schreckliche Krankheiten zu besiegen?

Da der Embryo schon von der Empfängnis an wie eine Person behandelt werden muß, ist er wie jedes andere menschliche Wesen im Rahmen des Möglichen unversehrt zu erhalten, zu pflegen und zu heilen.

Schlagwortartig muß festgestellt werden, daß ein „kinderloses Deutschland“ und auch ein „kinderloses Europa“ keine Zukunft haben. Während der vergangenen 25 Jahre wurden in unserer Bundesrepublik sieben Millionen Abtreibungen vorgenommen: Sieben Millionen Menschen wurden aus unterschiedlichen Beweggründen getötet. Wie soll auf dieser Grundlage eine positive und hoffnungsvolle Entwicklung unserer Bevölkerung und unserer Heimat erfolgen?

Viele deutsche Politiker tendieren dazu zu sagen: Auch Deutschland braucht Embryonenforschung; die anderen tun es schließlich auch.

Es ist unbegreiflich, daß viele Politiker sich eindeutig für die „embryonale Stammzellforschung“ oder die „verbrauchende Embryonenforschung“ aussprechen. Der Verweis auf mögliche Chancen dieser Forschungsweisen darf nicht darüber hinwegtäuschen, daß dabei unverfügbare Grundwerte auf dem Spiel stehen, die eine Abwägung nicht zulassen. Menschenwürde und Lebensrecht kommen jedem Embryo vom Zeitpunkt der Befruchtung an zu. Namhafte Ärzte bestätigen die biologische Tatsache, daß sich mit der Verschmelzung der Keimzellen im Schoß der Mutter ein eigenständiges und damit unantastbares menschliches Leben entwickelt. In diesem zunächst mikroskopisch kleinen Lebewesen sind alle geistigen und seelischen, alle körperlichen Eigenschaften bereits grundgelegt! Im Gegensatz zu dieser medizinisch erhärteten Wirklichkeit hat sich teilweise eine unmenschliche Sprachweise durchgesetzt, in der vom Embryo als einem „bedeutungslosen Zellklumpen" gesprochen wird. Mit einer derartig saloppen und ignoranten Redeweise soll über die Wirklichkeit hinweggetäuscht werden, daß die embryonale Stammzellforschung mit der Tötung von Menschen einhergeht!

Jede Art von Abtreibung, bis hin zu den furchtbaren Spätabtreibungen, jede Vernichtung eines Embryos zu Forschungszwecken widerspricht dem biblischen Menschenbild, das den Menschen von seinem Anfang bis zu seinem Ende schützt und jede Instrumentalisierung, jedes „Verbrauchen" und damit auch die Tötung menschlichen Lebens ausschließt.

Als Christen sind wir herausgefordert, in unserem täglichen Leben, in unserer Umgebung, in der ganzen Gesellschaft lautstark für den Lebensschutz einzutreten. Wenn wir von Jesus Christus überzeugt sind, dann ist es eine Tatsache, daß durch Jesus Christus jeder Mensch Kind Gottes ist. Wir sind nicht das Zufallsprodukt einer menschlichen Entwicklungskette, sondern jeder von uns ist vom ersten Augenblick seines Daseins an von Gott gewollt und geliebt!

Gibt es nicht auch eine Ethik des Heilens, oder muß der Katholik leiden, weil seine Kirche „winzig kleine, sandkornkleine embryonale Zellen ohne Bewußtsein" (Ian Wilmut, „Vater" des Klonschafs Dolly) ausgewachsenen Menschen gleichstellt?

Heilen bzw. medizinische Behandlung hat da eine Grenze, wo die Würde eines anderen Menschen verletzt wird. Heilen ist ein hoher Wert wie etwa Erziehung und anderes mehr. Aber die Ressourcen, die dafür aufgewendet werden, dürfen niemals gegen die Achtung des Lebens und der Würde der Person verstoßen. Denn niemand hat das Recht auf Heilung, höchstens einen Anspruch auf eine medizinische Behandlung. Man muß aber dabei beachten, daß ein Anspruch, hier ein Anspruchsrecht, immer weniger wiegt als ein Abwehrrecht, in diesem Falle die Abwehr eines Schadens, ja einer Vernichtung menschlichen Lebens überhaupt. Sonst würde man die Heilung des Stärkeren absolutsetzen. Das Recht auf Leben kann nie aufgrund von Anspruchsrechten anderer eingeschränkt werden.

Also macht auch das folgende Zitat, es stammt aus der Frankfurter Allgemeinen Zeitung vom 20. Mai 2005, auf Sie keinen Eindruck: „Mit einiger Wahrscheinlichkeit wird die Kontroverse um die Ethik des Klonens und den Wert der embryonalen Erscheinungsform des Menschen zunächst einmal in den Hintergrund rücken, ja womöglich einer kollektiven Amnesie anheimfallen, wenn der erste Querschnittsgelähmte dank einer Klonzellenkur auf- und wieder auf zwei Beinen steht. Ein solches Wunder dürfte, und darum dürfte es sich trotz der biotechnologischen Herbeiführung handeln, ein Staunen hervorrufen wie jene Spontanheilungen, von denen die Bibel zu berichten weiß.“ Ich frage Sie: Was macht die katholische Kirche, wenn tatsächlich Lahme wieder gehen können, weil Wissenschaftlern der Durchbruch bei der embryonalen Forschung gelungen ist?

Was ich dazu bereits gesagt habe, bedarf keiner weiteren Ergänzung. Ich kann nur wiederholen, daß die Heilung eines Menschen nie und nimmer durch die Tötung eines anderen, in der Regel hilflosen, in seiner Würde aber unantastbaren Menschen geschehen kann. Eine derartige Heilung müßte sich zu Recht den Vorwurf des Kannibalismus gefallen lassen.

Ist das Recht auf Hilfe zum Sterben nicht Ausdruck des freien Willens auch eines Katholiken? Warum bestreitet ihm die Kirche diese Freiheit?

Das Leben ist ein Geschenk Gottes, und ich bin für dieses Leben vor Gott verantwortlich. Herr über mein Leben ist und bleibt alleine Gott, in diesem Sinne habe ich mein Leben vor Gott zu verwalten, und ich habe nicht das Recht, darüber zu verfügen. Dies schließt auch im Krankheitsfall sowohl den Selbstmord als auch das Töten meiner selbst durch „Helfer" aus.

Bei Ihrer Fragestellung wird die Tatsache vom Leiden Christi, angefangen von seiner existentiellen Angsterfahrung am Ölberg bis hin zur grausamen Folter und Ermordung am Holz des Kreuzes, überhaupt nicht beachtet. Jesus Christus selbst fordert seine Jünger auf, das tägliche Kreuz auf sich zu nehmen und ihm dahin nachzufolgen, so daß ich mich bei keinem geistigen, seelischen und körperlichen Leiden allein weiß, sondern immer verbunden mit dem leidenden und kreuztragenden Jesus Christus!

Der Apostel Paulus geht so weit, daß er davon spricht, daß er mit seinem Leiden noch das ergänzen kann, was fehlt am Leiden Christi zur Erlösung der Welt.

Ist es aber nicht katholischer Alarmismus zu argumentieren, dem Recht, andere auf deren Verlangen hin zu töten, werde bald schon gesellschaftlicher Druck auf Alte und Kranke folgen, doch bitte Sterbehilfe nicht rundweg abzulehnen?

Diese Gefahr besteht durchaus, sie ist ja bereits Realität. Denken Sie nur an die gängige Abtreibungspraxis! Dadurch könnte mancher Behinderte in die Verlegenheit geraten, sich für sein Dasein rechtfertigen zu müssen. Auch in den Niederlanden wird ein alter, kranker und vereinsamter

Mensch vielleicht auf den Gedanken kommen, um Euthanasie zu bitten aus Angst und Scham davor, der Familie oder der Gesellschaft zur Last zu fallen.

Wie reagieren Sie auf einen Biowissenschaftler, der seinen Forscherdrang für ein Gottesgeschenk hält und behauptet, er richte sich nach der biblischen Weisung: Macht euch die Erde untertan?

Von dieser biblischen Aussage kann nur in einer sehr differenzierten Weise gesprochen werden. Mit dieser Aussage ist keineswegs eine Ausbeutung des Lebens in seiner Vielfalt auf dieser Erde gemeint, ist keineswegs eine rücksichtslose und unbegrenzte Ausbeutung der vielfältigen Lebensmöglichkeiten auf unserer Erde zum Ausdruck gebracht. Vielmehr kann und muß diese biblische Aussage so übersetzt werden, daß die Erde mit der Vielfalt ihres Lebens den Menschen wie ein Lehen oder wie ein Geschenk von Gott übergeben worden ist. Diese verpflichtende Leihgabe oder dieses Geschenk muß der Mensch vor Gott und vor seiner Umwelt in achtungsvoller Weise und mit Rücksicht so nützen und gestalten, daß auch nachfolgende Generationen auf der Erde leben können. Die biblische Ausdrucksweise meint keineswegs „untertan machen und ausbeuten", sondern meint ganz eindeutig „kultivieren bzw. rücksichtsvoll pflegen und nützen".

Ist ein Katholik, der Euthanasie und Abtreibung auf eine Stufe mit Massenmord im 20. Jahrhundert stellt, ein Fundi?

Der Massenmord im 20. Jahrhundert – angefangen von den furchtbaren Materialschlachten des Ersten Weltkrieges über die Vernichtung von Millionen von Menschen in Konzentrationslagern nicht nur im Bereich des Deutschen Reiches, sondern auch der Sowjetunion, bis hin zu fast industriell geführten Vernichtungsmethoden menschlichen Lebens und menschlicher Kultur im Zweiten Weltkrieg, bis hin zu den grausamen ethnischen Vernichtungen bis zum Ende des 20. Jahrhunderts auf dem Balkan und in weiten Teilen Afrikas – ist ein unbeschreiblich dunkles Kapitel in der Geschichte dieses Säkulums. Diese Ereignisse sind so schaudererregend, daß sie schlecht mit einer anderen Art von Tötung menschlichen Lebens verglichen werden können.

Gleichzeitig muß aber in aller Deutlichkeit festgestellt werden, daß die Abtreibungsmentalität der letzten 25 Jahre in unserem deutschen Vaterland und die sich allmählich einbürgernde Euthanasiepraxis aufs Ganze gesehen ebenfalls einem Massenmord gleichkommen, der für die Gegenwart und für die Zukunft unserer deutschen Heimat und ganz Europas verheerende Auswirkungen haben wird, wenn hier nicht schnellstens Einhalt geboten wird.

Als Christen sind wir über die Grenzen der Konfession hinweg aufgefordert, im Namen Gottes und damit im Namen der Menschlichkeit gegen diese schleichende und damit eher unauffällige Vernichtung menschlichen Lebens anzukämpfen, vor allem auch mit dem eindeutigen Hinweis auf das Grundgesetz, das in seinem ersten Artikel die Würde jeder menschlichen Person vollkommen zu Recht als „unantastbar“ bezeichnet.

Darf ein Katholik für friedliche Nutzung der Kernenergie sein, wenn er gleichzeitig um deren Riesengefahr im Katastrophenfall weiß?

Die friedliche Nutzung der Kernenergie ist durchaus dann möglich, wenn der Mensch mit Hilfe seiner Vernunft und der sich daraus ergebenden wissenschaftlichen Erkenntnisse verantwortungsbewußt mit dieser neuen Möglichkeit der Energiegewinnung umgeht. Jede Art von verantwortungsbewußter Gewinnung der Kernenergie muß selbstverständlich funktional so ausgebaut und abgesichert sein, daß mit größter Wahrscheinlichkeit Katastrophenfälle vermieden werden, die wohl in der Regel auf menschliche Fahrlässigkeit zurückzuführen sind. Grundsätzlich dürfen wir aber folgende Tatsachen nicht aus den Augen verlieren: Da ist einmal die Begrenztheit technischer und naturwissenschaftlicher Möglichkeiten überhaupt. Und zum anderen sind auch die menschlichen Fähigkeiten zur Gestaltung unserer Welt nicht vollkommen. Hier ist dem Entscheidungsträger ein hohes Maß an Verantwortungsbewußtsein abverlangt.

IX. Kinder, Familie, Zölibat

Herr Bischof, wenn Sie Kinder und Enkel hätten, wieviel Sorge hätten Sie um deren Zukunft in materieller und geistiger Hinsicht?

Die Sorge um „meine Kinder und Enkelkinder“ würde sich, wenn ich eine Familie hätte, vor allem auf die seelische und geistige Entwicklung der heranwachsenden Kinder und Jugendlichen erstrecken. Die seelischen Fähigkeiten, die ich einem Kind und Jugendlichen durch den Respekt vor Gott und den Menschen, durch einen mitmenschlichen und opferbereiten Umgang mit sich selbst und dem anderen vermittle, können niemals weggenommen werden. Das gleiche gilt für die Entfaltung der geistigen und praktischen Fähigkeiten, die jeder Mensch in unterschiedlicher Weise von Gott wie Talente für seinen Lebensweg geschenkt bekommen hat. Falls es nicht zu einer brutalen Gehirnwäsche kommt, können einem Menschen die erlernten unterschiedlichen Fähigkeiten nicht genommen werden, sondern werden vielmehr entfaltet und tragen ganz entscheidend mit bei zur Persönlichkeitsreifung und zu einem gesunden Selbstbewußtsein.

Mit Hilfe dieser so entfalteten seelischen und geistigen Fähigkeiten, das heißt mit Hilfe eines kultivierten Menschseins, können durchaus materielle Engpässe bewältigt werden und ist eine positive Lebensgestaltung durchaus mit eingeschränkten materiellen Werten möglich.

Ich selbst bin während der letzten Kriegsjahre und in der Nachkriegszeit aufgewachsen, wobei ich sagen kann, daß wir in unserer Familie in materieller Hinsicht sehr einfach leben mußten, ich aber trotzdem eine glückliche Kindheit erlebte, weil ich bei meinen Eltern und Angehörigen ein menschlich gutes Zuhause hatte.

Bremens Bildungssenator Willi Lemke, früher bekannt als Manager des SV Werder Bremen, sagte kürzlich auf dem Evangelischen Kirchentag in Hannover: „Setzt Kinder in die Welt, kümmert euch um sie und macht sie zu anständigen Menschen.“ Ist Ihnen das zu salopp, oder ist es treffend formuliert?

Die Aussage des Sozialdemokraten Willi Lemke bezeichne ich als spontan, in gewißer Hinsicht als verkürzt, aber trotzdem als an sich stimmig. Selbstverständlich kann ich nur dann „Kinder in die Welt setzen“, wenn sich Vater und Mutter auf gegenseitige Treue und Zuverlässigkeit einlassen, wie das für uns in der katholischen Kirche im Sakrament der Ehe geschieht, nicht zuletzt auch im Vertrauen auf den Segen Gottes. Natürlich wird ein Mensch nur dann „anständig“, das bedeutet menschlich, dankbar, opferbereit und pflichtbewußt aufwachsen können, wenn er durch seine Eltern immer wieder aufs neue auf die Größe und Treue der Hingabe und Liebe Gottes in Jesus Christus verwiesen wird und sich auch in der „Unterscheidung der Geister“ vom Geist Gottes leiten läßt.

Es gibt Umweltverträglichkeits-Prüfungen. Müßte es nicht auch Familienverträglichkeits-Prüfungen für alle europäischen Entscheidungen geben?

Diese Familienverträglichkeits-Prüfungen muß es selbstverständlich für alle europäischen Entscheidungen geben, da nur so die Aussicht gegeben ist, daß die eheliche Lebensgemeinschaft und die damit auch verbundene Bereitschaft zur Familiengründung in entsprechender Weise gefördert wird. Gerade auch im zusammenwachsenden Europa darf nicht vergessen werden, daß die Familie die kleinste, aber wichtigste Lebenszelle jeder Staatsgemeinschaft ist und deshalb in jeder Hinsicht, auch in finanzieller Hinsicht, gefördert werden muß. In diesem Zusammenhang ist auch intensiv in Erwägung zu ziehen, ob der Erziehungsdienst einer Frau und Mutter, der die Voraussetzung ist für ein menschenwürdiges Heranwachsen, nicht durch einen adäquaten Rentenanspruch abgesichert werden kann.

Da wir beim Stichwort Familie sind: Immer mehr junge, oft gut ausgebildete Frauen und Männer versagen sich bewußt einem Familienleben mit Kindern. Sind das Zeichen gesellschaftlichen Verfalls, der Freudlosigkeit, der Zukunftsangst oder des schieren Egoismus?

Bei unterschiedlichsten Umfragen unter jungen Leuten wird immer wieder die verblüffende Erfahrung gemacht, daß ein Großteil der befragten Jugendlichen eine zuverlässige eheliche Lebensgemeinschaft und die Gründung einer Familie anstrebt. Für uns Christen bleibt allerdings im Zusammenhang mit dieser Feststellung die herausfordernde Frage, ob wir mit jungen Menschen hinreichend über die Verbindlichkeit einer ehelichen Lebensgemeinschaft sprechen und dabei auch die große geistliche Hilfe Gottes im Ehesakrament ins Gespräch bringen. Viele gutausgebildete junge Frauen und Männer, die nicht nur standesamtlich, sondern auch nach den eindeutigen Vorgaben des katholischen Ehesakramentes kirchlich heiraten könnten, entscheiden sich nicht zu einem solchen Schritt, da sie sich offenbar eine „Hintertür“ offenhalten wollen, um sich schnell verabschieden zu können, wenn es zu Mißverständnissen oder scheinbar unlösbaren Schwierigkeiten kommt.

Mangelnde religiöse Ausrichtung, das heißt fehlender Respekt vor Gott und den Mitmenschen, führen unwiderruflich zu einem gesellschaftlichen Verfall, zu Freudlosigkeit, Angst vor der Zukunft und begünstigen zweifellos auch den Egoismus.

Die Gründung einer Familie – das ist das Mitwirken am Schöpfungsauftrag Gottes in der Weitergabe des Lebens – war schon in der Vergangenheit und ist in der Gegenwart mit einer gewissen Unberechenbarkeit auf Zukunft hin und natürlich auch mit Opferbereitschaft verbunden. Kinder, das wissen wir aus unserer eigenen kindlichen Vergangenheit, brauchen sehr viel Liebe und Zuwendung, benötigen sehr viel Geduld und schränken selbstverständlich die unterschiedlichsten Freizeitmöglichkeiten junger Eltern ein. Andererseits darf aber nicht vergessen werden, daß Kinder auch die elterliche Liebe zusammenschweißen, oftmals unbewußt zu einer Heilung eines brüchig gewordenen Verhältnisses zwischen Mann und Frau beitragen und nicht zuletzt die Zukunft der Eltern absichern können und somit auch ein Hoffnungsschimmer für das Älterwerden von Vater und Mutter sind.

Wäre es nicht doch besser, wenn gerade katholische Geistliche mit ihrem privaten Leben ein persönliches Zeugnis für Ehe und Familie ablegten, also Familie lebten und vorlebten?

Es ist eine in unserer Zeit fast vergessene Tatsache, daß der priesterliche Dienst in Verbindung mit der „Ehelosigkeit um des Himmelreiches willen" auch immer für christliche Ehepartner eine große geistliche und moralische Hilfe gewesen ist, bei den Prüfungen und Belastungen des gemeinsamen Lebens einander treu zu bleiben. Es ist unwiderruflich eine Tatsache, daß die Treue und Zuverlässigkeit der Ehepartner auf der Grundlage des Ehesakramentes den Priester mit seinem Treue- und Liebesversprechen gegenüber Gott in der uneingeschränkten Nachfolge Jesu Christi stärkt. Gleichzeitig stärkt aber ein solcher Priester, der sich in der Treue zu Gott und in der Ausschließlichkeit seiner Liebe zu Jesus Christus, für Gott und die Menschen auf den Weg macht, den Wert und die Bedeutung zwischenmenschlicher Treue besonders im Ehesakrament in einer eher unsichtbaren Weise.

In seinem Buch „Was würde Jesus heute sagen?" schreibt Heiner Geißler, es sei eine der großen Taten Martin Luthers gewesen, den Zölibat beseitigt zu haben. Ist es wirklich katholisch oder vielleicht doch widernatürlich, von bestimmten Menschen ein zölibatäres Leben zu verlangen? Werden Rechtssätze der Kirchenführung hier nicht für wichtiger genommen als der Mensch mit seinen natürlichen Anlagen? Jesus, so Geißler, habe doch auch am Sabbat geheilt, obwohl das den Schriftgelehrten mißfallen habe.

Heiner Geißler irrt fundamental, wenn er die zölibatäre Lebensweise für widernatürlich hält. Er wäre gut beraten, die vier Evangelien und besonders auch die Paulusbriefe zu diesem Thema auf ihre Aussagen hin zu untersuchen.

Jesus selbst ist um seiner umfassenden Sendung willen für Gott und für die Menschen ehelos geblieben und hat auch für die damaligen Verhältnisse ungeheure Herausforderungen gewagt, indem er Männer in seinen engsten Freundeskreis berufen hat, von denen er erwartete, daß sie um seinetwillen auf ihre ehelichen und familiären Bindungen verzichten. Bei den unterschiedlichen Berufungsgeschichten innerhalb der Evangelien ist immer wieder in verblüffender Weise davon die Rede, daß Jesus bestimmte Menschen ganz für sich in seine engste Nachfolge beruft und sogar soweit geht, daß derjenige, „der die Hand an den Pflug gelegt hat und zurückschaut" (Lk 9,62), seiner nicht wert ist! Am Ende des Johannesevangeliums fragt Jesus Petrus dreimal, ob er ihn mehr liebe als die anderen. Petrus hat dann seine Familie zurückgelassen, ist allein in die größte Stadt der damaligen Welt, nach Rom, gegangen und hat dort allein im Zirkus des Kaisers Nero die grausame Kreuzigung mit dem Kopf nach unten durchlitten.

Die zölibatäre Lebensweise ist in der Kirche auch immer wieder ein Zeugnis dafür gewesen, daß letztlich Gott und seine Liebe zu uns Menschen über allen anderen Bindungen und Beziehungen steht und daß darin die Vorwegnahme der himmlischen Lebensgemeinschaft bezeugt wird, in der nicht mehr geheiratet und zur Ehe gegeben wird, da Gott alles in allem ist. Freilich gilt: „Wer es fassen kann, der fasse es!" (Mt 19,12).

Selbstverständlich fordert diese Lebensweise in einer anderen aber ähnlichen Form immer wieder neu, vergleichbar mit dem Mühen der treuen Liebesbeziehung zwischen Mann und Frau, die ganz persönliche Ausrichtung des zölibatär lebenden Menschen auf Jesus Christus hin heraus, erfordert täglich neu das Bemühen um Zeiten der Stille, die Bereitschaft auf das Hören des Wortes Gottes und die innige Hingabe an den menschgewordenen Gottessohn, wie dies besonders in der Eucharistie geschieht.

Heißt „selbstverständlich katholisch" zu sein auch, die kirchliche Entscheidung für die Ehelosigkeit der Priester und die Nichtordination von Frauen einfach hinzunehmen, statt sie immer von neuem zu thematisieren und zu problematisieren, als hinge davon das Heil der katholischen Welt ab?

Man muß einmal deutlich feststellen, daß es heute viele religiös engagierte Menschen gibt, besonders die Jugendlichen unter ihnen, die sich für Fragen wie nach dem Zölibat oder dem Frauenpriestertum gar nicht interessieren. Für sie ist die Frage nach der Wirklichkeit Gottes und danach, was Jesus für uns Menschen bedeutet, entscheidend. Wenn ich von der Menschheit und von der Gottheit Jesu ausgehe, dann muß ich seine radikalen Nachfolge-Forderungen akzeptieren, und dann muß ich auch von einem göttlichen Gesetz sprechen, das Jesus in der Feier des letzten Abendmahles die Identifikation mit den zwölf Aposteln ein für alle Mal begründet hat. Somit bleibt das priesterliche Dienstamt Männern vorbehalten, in der Nachfolge der Apostel.

Wenn ein Priester eine Frau liebt und sie heiraten will und seine Kirche ihm das verwehrt, gilt dann nicht, juristisch gesprochen, einfaches katholisches Vereinsrecht vor göttlichem Grundgesetz?

Die Frage kann so nicht gestellt werden, da kein junger bzw. auch älterer Mann zum Priestertum gezwungen und damit auch nicht zur Ehelosigkeit genötigt werden kann. Jeder Priester wird bei der Weihe eindeutig danach gefragt, ob er um Christi und der Menschenwillen bereit ist, die christliche Ehelosigkeit mit dem priesterlichen Dienst zu verbinden. Diese Frage in Verbindung mit den darauf folgenden Versprechen kann bis zu einem gewissen Grad durchaus verglichen werden mit dem Treueversprechen, das sich Mann und Frau bei der kirchlichen Trauung gegenseitig zusagen. Die Priesterweihe in Verbindung mit dem Versprechen zur Keuschheit bzw. Jungfräulichkeit ist Ausdruck einer totalen Hingabe an den lebendigen Christus und kann gewissermaßen mit einer „Verheiratung“ verglichen werden.

Spätere Scheidung ausgeschlossen?

Sollte ein Priester, der sich in eine Frau verliebt hat und diese heiraten will, nicht mehr zu seinem Versprechen stehen können, muß er diese Tatsache mit seinem zuständigen Bischof in aller Offenheit und Ehrlichkeit besprechen. Der jetzt so eingestellte Priester hat die Möglichkeit, sich in einem bestimmten Prozeßverfahren laisieren zu lassen und dadurch von seinem ursprünglichen Versprechen entpflichtet zu werden. Das Sakrament der Priesterweihe kann ihm nicht mehr genommen werden, da es unauslöschlich in ihm eingeprägt ist. Es kann so umschrieben werden, daß mit der sogenannten „Laisierung" die priesterlichen Dienste nicht mehr ausgeübt werden dürfen bzw. ruhen. Wenn der Laisierungsprozeß, der von der Kleruskongregation in Rom geführt wird, zu einem gültigen Abschluß kommt, sind kirchliche Trauung und der Empfang der anderen Sakramente möglich.

X. Krieg und Frieden, Kampf der Kulturen

Vor 900 waren es Christen, die über Muslime herfielen. Es gab Angriffskriege im Namen des Kreuzes. Rüsten nun muslimische Halbmondritter zum Gegenschlag? Erntet Sturm, wer Wind gesät hat?

Die sogenannten Kreuzzüge werden in der gegenwärtigen Diskussion sehr undifferenziert besprochen bzw. in einer pauschalen Art als vollkommen bösartig und kriegslüstern abgetan. Es besteht kein Zweifel daran, daß durch die Kreuzzüge im späten 12. Jahrhundert und auch im 13. Jahrhundert sehr viel Unrecht geschehen ist, wie das leider bei allen Kriegen der Fall ist. Ursprünglich hatten die Kreuzzüge allerdings nur das eine Ziel, für die Christenheit in den muslimisch besetzten Gebieten Toleranz einzufordern. Jahrhundertelang war es für viele Christen selbstverständlich – und das gilt bis zum heutigen Tag –, die irdische Heimat Jesu aufzusuchen und gleichsam in seinen Spuren zu gehen bis hin zum Kreuzesberg Golgatha und zur Stätte seiner Auferstehung. Die kämpferischen Muslime hatten nach ihrem Sieg über die Christenheit im Heiligen Land diese Wallfahrtsmöglichkeiten verweigert. Diese Verweigerung war ein Grund für die Kreuzzüge, um den christlichen Pilgern den Besuch der Heiligen Stätten wieder zu ermöglichen. Auf dem Weg ins Heilige Land haben sich einige Kreuzfahrer in Griechenland festgesetzt und die dortigen griechisch-orthodoxen Christen teilweise sehr schlecht behandelt. Eine Tatsache, die die Beziehungen zwischen der griechisch-orthodoxen Kirche und der römisch-katholischen Kirche bis auf den heutigen Tag belastet. Die Einnahme der Stadt Jerusalem und der darauf folgende Aufenthalt der Kreuzritter im Heiligen Land war sicher nicht von einem friedliebenden Leben gekennzeichnet, sondern eher von einer beherrschenden Machtstellung. Die ursprüngliche Intention, für die Christen Toleranz einzufordern, ist nicht vollkommen, aber sicher teilweise kriegerisch mißbraucht worden. Ein Verhalten, das keineswegs mit der Friedensbotschaft des Evangeliums gerechtfertigt werden kann.

Was ist mit den kriegerischen muslimischen Halbmondrittern zu Beginn des 3. Jahrtausends?

Die gegenwärtigen Versuche eines religiös-kriegerisch geprägten Islam müssen radikal abgelehnt werden, da im Namen Gottes – unabhängig von dem jeweiligen Gottesbild – niemals Krieg geführt werden darf, weil jeder Krieg zu einem Verlust der Menschlichkeit führt, und es am Schluß immer nur Verlierer gibt. Aus diesem Grund ist ein sehr ernsthafter und die gegenwärtige Wirklichkeit deutlich ansprechender Dialog zwischen Christenheit und Islam dringend notwendig, um noch größeres Unheil, als es bisher schon geschehen, ist einzudämmen bzw. zu verhindern. Der verstorbene Papst Johannes Paul II. hat auch in dieser Hinsicht einen vorbildlichen Weg zur gegenseitigen Toleranz und damit zum Frieden beschritten.

Sehen Sie einen Zusammenprall der christlichen und der islamischen Kulturen?

Es könnte zu einem Zusammenprall der Kulturen kommen, sollte es auf die Dauer nicht gelingen, zu einem friedlichen Ausgleich zwischen den Letztverantwortlichen des Islam und des Christentums zu kommen. In aller Deutlichkeit muß festgestellt werden, daß es grundsätzlich von seiten des Christentums für ein derartiges Bemühen keine

Zweifel oder sogar Widerstände geben kann, da es keinerlei Rechtfertigung für eine Kriegführung im Namen Jesu und des Evangeliums gibt. Das heißt freilich nicht, daß nicht eine freiheitliche Demokratie mit der Gleichwertigkeit des Menschen als Mann und Frau und die damit verbundene Religions- und Gewissensfreiheit abgesichert werden müssen und verteidigungswürdig sind. Eine fast unüberwindbare Schwierigkeit ist darin zu sehen, daß es im Islam unterschiedliche religiöse und damit gesellschaftspolitische Strömungen gibt, die sich untereinander nicht einigen können, und deshalb ein friedliebendes Zusammenleben von unterschiedlichen Kulturen zumindest sehr behindert, wenn nicht gar in Frage gestellt wird. Für den Islam müssten grundsätzlich zwei Einsichten durchsetzbar werden, nämlich die, daß es keinen „gerechten Krieg im Namen Allahs“ geben kann, und daß der Frau die gleiche Personwürde wie dem Mann zusteht und die Geschlechter einander gleichwertig gegenüberstehen.

Und für uns Christen darf es keinen aus der Ostpolitik der siebziger Jahre bekannten „Wandel durch Annäherung“ geben?

Für die Christenheit ist dringend einzufordern, daß sie sich insgesamt wieder viel stärker und positiver mit dem Wert des christlichen Gottes-, Menschen- und Weltbildes auseinandersetzt. Nur was ich kenne, kann ich lieben. Nur von ihrem Glauben überzeugte Christen können für islamische Vertreter ernstzunehmende Gesprächspartner sein. Gleichgültigkeit und Oberflächlichkeit von Seiten der Christen gegenüber Gott und seiner Offenbarung in der Zeit und der Geschichte werden von den Muslimen verachtungsvoll als Gottlosigkeit ausgelegt, die um Allahs Willen bekämpft werden muß. Grundvoraussetzung dafür, einen „Zusammenprall der Kulturen“ zu verhindern, ist in jedem Falle eine überzeugte Existenz im christlichen Glauben und aus diesem Glauben heraus. Daraus erwächst Respekt vor dem Glauben und den Gefühlen des Gegenübers, es ist zugleich der Grund unserer Hoffnung und der einzige Weg zum Frieden. Dadurch ermöglichen wir ein tolerantes bzw. achtungsvolles Zusammenleben von unterschiedlichen Religionen und Kulturen.

Zu den fundamentalen Menschenrechten zählen die Glaubens- und Gewissensfreiheit. Wäre es gerecht, dafür in einen Krieg zu ziehen? Oder schließen sich Katholizismus und Krieg aus?

Krieg ist gewiß kein legitimes Mittel, Glaubens- und Gewissensfreiheit durchzusetzen. Da Krieg stets die Ultima ratio sein muß, gibt es Bedingungen, die korrekt zu beachten sind: Die Bedingungen unter denen es einem Volk gestattet ist, *sich in Notwehr militärisch zu verteidigen,* sind genau einzuhalten. Eine solche Entscheidung ist so schwerwiegend, daß sie nur unter den folgenden strengen Bedingungen, die gleichzeitig gegeben sein müssen, sittlich vertretbar ist:

1. Der Schaden, der der Nation oder der Völkergemeinschaft durch den Angreifer zugefügt wird, muß sicher feststehen, schwerwiegend und von Dauer sein. 2. Alle anderen Mittel, dem Schaden ein Ende zu machen, Diplomatie, Dialog, Druck, müssen sich als undurchführbar oder wirkungslos erwiesen haben. 3. Es muß ernsthafte Aussicht auf Erfolg bestehen. 4. Der Gebrauch von Waffen darf nicht Schäden und Wirren mit sich bringen, die schlimmer sind als das zu beseitigende Übel. Beim Urteil darüber, ob diese Bedingung erfüllt ist, muß die gewaltige Zerstörungskraft der modernen Waffen berücksichtigt werdern.

Dies sind die herkömmlichen Elemente, wie sie der Katechismus der katholischen Kirche hinsichtlich der „Lehre vom gerechten Krieg“ anführt.

Darf ein Katholik für die Ausbreitung von Demokratie und Rechtsstaatlichkeit zur Waffe greifen?

Die genannten Bedingungen für einen „gerechten Krieg“ lassen das nicht zu. Für die Ausbreitung von Demokratie und Rechtsstaatlichkeit stehen andere Mittel zu Gebote.

In Gaudium et spes, der Konstitution des Zweiten Vatikanischen Konzils, heißt es aber, der Soldatendienst gelte nicht nur der Sicherheit des eigenen Volkes, sondern zugleich auch als Dienst an der Sicherheit und Freiheit aller Völker. Sind der Protestant George Bush und der Anglikaner Tony Blair in diesem Sinne Erzkatholiken?

Die betreffende Passage aus Gaudium et spes mahnt in Anbetracht der vergangenen großen und verheerenden Kriege und mit Hinweis auf die immer grausameren Folgen der modernen Waffen zum Frieden! Auch hier wird der Krieg ausschließlich als Ultima ratio zur Verteidigung verstanden.

Wir erinnern uns daran, daß im Falle des Irak-Krieges Papst Johannes Paul II. den amerikanischen Präsidenten Bush eindringlich vor diesem Krieg gewarnt hat. Viele ernstzunehmende Kritiker weisen zudem darauf hin, daß es nicht legitim sei, einem Volk eine bestimmte Regierungsform aufzunötigen.

Darf ein Katholik nicht zustimmen, wenn Regime vorbeugend eliminiert werden, die nach atomaren, chemischen und biologischen Waffen Ausschau halten und Terror unterstützen? Muß der Katholik erst auf die „smoking gun“ warten?

Der Katholik lebt nicht am Rande dieser Welt oder außerhalb der jeweiligen Gesellschaft. Nach den unmenschlichen und verheerenden Erfahrungen während des Zweiten Weltkrieges haben sich viele Staaten in einem Staatenbündnis, der UNO, zusammengeschlossen. In der UN-Charta sind die Bedingungen für Militäreinsätze definiert. Maßgebliche Völkerrechtler haben auf dieser Grundlage den Irak-Krieg für völkerrechtswidrig erklärt. Man kann und muß nach äußerst gewissenhafter und redlicher Prüfung feststellen, ob ein militärisches Eingreifen notwendig ist, um ein noch größeres Übel zu verhindern. Wie es sich in der Wirklichkeit gezeigt hat, war die Ablehnung eines Krieges gegen den Irak berechtigt, da es dort weder nach vorausgegangener noch nach anschließender Prüfung atomare, chemische und biologische Waffenarsenale gegeben hat, und auch eine Unterstützung von Terroristen durch dieses Regime nie belegt worden ist.

Sie sagten einmal, Soldaten müßten Tugenden besitzen wie Fairneß, Toleranz, Respekt, Treue, Aufrichtigkeit. Ist das nicht, mit Verlaub, Herr Bischof, blauäugig? Im Krieg stirbt bekanntlich die Wahrheit zuallererst.

Ich frage Sie: Ist es unbedingt notwendig, daß im Krieg zuallererst die Wahrheit stirbt? Bei der Auseinandersetzung um Krieg und Frieden kann und darf nicht „blauäugig" argumentiert werden. Von vornherein kann und muß festgestellt werden, daß ein Angriff auf das eigene Leben abgewehrt werden muß und daß vom Gesichtspunkt der Personwürde und damit des Lebensschutzes die Notwehr moralisch gesehen vollkommen berechtigt ist. Andererseits haben die Verantwortlichen in der Bundeswehr mit den Akademien zur sogenannten Inneren Führung die schwerwiegende Aufgabe, den auszubildenden Offizieren die Möglichkeiten und auch die Notwendigkeit eines militärischen Einsatzes zu vermitteln, der auch im Ernstfall die Fairneß nicht vollkommen zur Seite schiebt. Der Einsatz für den Schutz der Zivilbevölkerung ist bei der modernen Kriegführung notwendiger denn je! Jeder militärische Einsatz muß eindeutig das Ziel anstreben, aufkommende Brutalität und kriegerische Handlungen – denken Sie an die ethnischen Auseinandersetzungen auf dem Balkan – zu überwinden und den Frieden wiederherzustellen. In Verbindung mit diesem Bemühen stellt sich wie von selbst die Forderung nach einer in dem betreffenden Land erfolgenden politischen Nachsorge, also einem ernsthaften Bemühen um eine Verbesserung der politischen und sicher auch wirtschaftlichen Verhältnisse.

Sie sind auch katholischer deutscher Militärbischof. Müßte es nicht Ihre vordringliche Aufgabe sein, Soldaten aufzufordern, von der „Kultur des Todes" (Papst Johannes Paul II.) Abstand zu nehmen?

Das ist genau das, worum es geht. Die deutschen Soldaten versuchen gerade gegen diese „Kultur des Todes" Widerstand zu leisten. Sehen Sie den weltweiten Einsatz deutscher Soldaten in Krisen- und Kriegsgebieten, um unter Einsatz von Leib und Leben der Bevölkerung zu helfen, friedensstiftende Maßnahmen durchzusetzen und in vielfacher Hinsicht auch wirksame humanitäre Hilfestellungen zu leisten, angefangen von der Einrichtung von Kindergärten und Schulen bis hin zur Versorgung von Bevölkerungsgruppen, die unter dem Armutsniveau leben. Bedenken Sie etwa die gegenwärtige Situation in Sarajevo.

XI. Standort D – katholisch betrachtet

Das Bonifatius-Jahr ist zu Ende. Wo sind die großen Glaubenskämpfer in Deutschland? Wo fällen heutige Nachfahren des hl. Bonifatius die Donar-Eichen?

Der nicht ganz unumstrittene, aber in seiner Persönlichkeit bemerkenswerte Journalist Peter Hahne hat ein lesenswertes Büchlein herausgegeben mit dem Titel „Schluß mit lustig“. In Anlehnung an diese sehr provozierende Aussage stelle ich persönlich sehr gern fest: Schluß mit feigem Katholizismus! Weg von der spießbürgerlichen Seßhaftigkeit!

In einer nicht zu rechtfertigenden und auch schwer verstehbaren Weise wurde während der vergangen Jahrzehnte das Christentum, auch in der katholischen Kirche, teilweise nivelliert bzw. verniedlicht und reduziert auf den Slogan „Seid nett zueinander!“ Es wird jeder zugeben müssen, daß auch religiös nichtgebundene Menschen, Skeptiker und humane Atheisten durchaus bemüht sind, den anderen fair und menschlich gegenüberzutreten. Sicher ist aber auch, daß diese Art des humanen Verhaltens eine Frucht des christlichen Menschenbildes ist, auch wenn dies vielen gar nicht mehr bewußt ist.

So wichtig faires und humanes Verhalten dem anderen gegenüber ist, so wichtig ist es, daß wir uns als Christen zum menschgewordenen Gottessohn, zum gekreuzigten und auferstandenen Jesus Christus bekennen. Christentum ist richtig verstanden keine Religion, sondern der vertrauensvolle und liebende „Beziehungsglaube“ an einen lebendigen Menschen, der als Sohn Gottes uns in allem radikal gleich geworden ist, ausgenommen die Sünde.

Wir brauchen nicht Vertreter und Gläubige anderer Kulturen und Religionen zu fürchten; wir müssen viel mehr die Feigheit, das Desinteresse und die sich verbreitende geistige und geistliche Gleichgültigkeit in den eigenen Reihen fürchten. Diese in sich unchristlichen Haltungen und Lebenseinstellungen sind die heutigen Donar-Eichen, die unbedingt gefällt werden müssen.

Wer legt die Axt an?

Wie kann das geschehen? Auf gar keinen Fall durch schnelllebig inszenierte religiöse Events; sicher auch nicht durch die allgemein bekannten Ladenhüter von überholter Kirchenkritik aus den eigenen Reihen. Wir müssen neu und bewußt wissen, warum wir unsere Kinder taufen lassen wollen. Jedes Elternpaar, das die Taufe für sein Kind wünscht, muß die Möglichkeit bekommen, sich mit Fragen wie Erbsünde oder Ursprungsschuld auseinanderzusetzen; muß die Bedeutung von Tod und wirklicher Auferstehung Jesu Christi und damit den Begriff „einfache" wahre Befreiung kennenlernen. In gleicher Weise muß die Bedeutung der Eingliederung in die Gemeinschaft der weltweiten katholischen Kirche und die sich daraus ergebende Verpflichtung zu einer religiösen Kinder- und Jugenderziehung deutlich herausgestellt und in anziehender Weise eingefordert werden.

Neben der Behandlung durchaus berechtigter sozial-ethischer Fragen, neben der sachgerechten Information über andere Kulturen und Religionen muß im katholischen Religionsunterricht unwiderruflich das spezifisch Christliche und Katholische mit Überzeugung zur Sprache gebracht werden. Noch einmal: Was ich nicht kenne, kann ich nicht lieben. – „Was ich nicht weiß, macht mich nicht heiß."

Es muß eine neue Auseinandersetzung geben über die Notwendigkeit der Mitfeier der sonntäglichen heiligen Messe.

Wenn ich katholischer Christ sein will, kann ich dann meine Beziehung zu Gott und damit auch die Feier der sonntäglichen Eucharistie von mehr oder weniger guter Stimmung bzw. Disposition abhängig machen? Wer wirklich an den gekreuzigten, auferstandenen Jesus Christus glaubt, wird seine Einladung, die besonders für den Auferstehungstag Jesu, für unseren Sonntag gilt, nicht ausschlagen können: „Tut dies zu meinem Gedächtnis!" (1 Kor 11,25).

Gehört zum Glaubenskampf nicht auch, die vielfältigen Angriffe auf den Sonntag entschiedener abzuwehren?

Allerdings. Vermehrt müssen sich auch kleinere und größere Gruppen in den Pfarrgemeinden bilden, die unter einer sachkundigen Anleitung Aussagen der Bibel bedenken und ins Leben umzusetzen versuchen; die sich mit Glaubens- und christlichen Lebensfragen intensiv auseinandersetzen. In Verbindung damit muß, wie dankenswerter Weise durch einige Verbände bereits geschehen, der Sonntag gegenüber allen wirtschaftspolitischen und kapitalistischen Begehrlichkeiten verteidigt werden mit dem knappen Bekenntnis: Der Sonntag gehört dem lieben Gott und gehört uns, nämlich auch den Familien. In gleicher Weise muß mutig und kompromißlos für den Schutz des ungeborenen Lebens und für die Beachtung der Personwürde jedes einzelnen Menschen bis hin zu seinem „Absterben" von dieser Erde eingetreten werden.

Nicht zuletzt muß im christlichen Wort und Tun in einer zunehmend depressiv und an sich selbst zweifelnden Gesellschaft der Wert des christlichen Gottesglaubens als Hilfe zu einem bewußten und positiven Leben bezeugt werden.

Ich sage noch einmal: Schluß mit katholischer Feigheit! Schluß mit spießbürgerlicher Seßhaftigkeit! Es gibt genügend „Donar-Eichen" zu fällen. Machen wir uns also an das Werk mit dem zuversichtlichen Glauben an die Zusage Jesu: „Fürchtet euch nicht! Ich bin bei euch alle Tage eures Lebens“ (Mt 28,5.20).

Hat der frühere Ratsvorsitzende der Evangelischen Kirche, Manfred Kock, recht, wenn er sagt, jeder Heidenspuk finde ernsthaftes Interesse, aber der christliche Glaube scheine niemanden aufzuregen? Wird nicht heutzutage im doppelten Wortsinn viel Heiden-Lärm um Nichts veranstaltet?

An diesem Phänomen sieht man, daß der Mensch wesentlich religiös veranlagt ist, daß er in seinem innersten Bewußtsein eine Ahnung bzw. ein Gespür hat für den ganz Anderen, für den Ursprung der Liebe und des Lebens. Wo eine Lücke auftritt, die einmal vom Glauben an den wahren Gott ausgefüllt war, wird diese allzuleicht durch scheinreligiöse, heidnisch-magische Praktiken und Kulte ersetzt bis hin zu den teilweise um sich greifenden Teufelsanbetungen.

Unverständlich muß es bleiben, daß es mittlerweile sogar katholische Christen gibt, die sich zur asiatischen Vorstellung von Seelenwanderung und Wiedergeburten bekennen und dadurch die Botschaft Jesu verleugnen, die von der Einmaligkeit und Unersetzbarkeit des persönlichen Daseins auf dieser Erde in einem bestimmten Zeitpunkt spricht. Aus dieser Erfahrung wird deutlich, daß, wie ich bereits erwähnt habe, eine überzeugende, in sich begründete und verbindlich vorgetragene Glaubensunterweisung Gebot der Stunde ist.

Verdunstet der katholische Glaube in Deutschland?

Das Bekenntnis zur Person Jesu Christi ist für jede Generation eine Herausforderung gewesen und ist es erst recht heute. Der richtige und berechtigte Begriff von Toleranz, von Achtung gegenüber anderen religiösen und weltanschaulichen Überzeugungen, darf nie dadurch verdunkelt werden, daß die eigene Glaubensüberzeugung aus Feigheit nicht mehr ins Gespräch kommt bzw. ins Abseits gerät.

Umsichtig und zugleich mutig muß gegen Vorurteile gegenüber der katholischen Kirche, oft auch durch Medien verbreitet, angegangen werden, und es muß eine überzeugende Aufklärungsarbeit unternommen werden. Wenn beispielsweise die Zeugen Jehovas auf die Straßen und in die Häuser gehen, muß in jeder Pfarrgemeinde ein sogenannter Besuchsdienst von überzeugten Frauen und Männern dasein, die bereit sind, die katholischen Neuzugänge, besonders auch in neuentstehenden Siedlungsgebieten, aufzusuchen, im Namen der katholischen Pfarrgemeinde zu begrüßen und zu den Gottesdiensten und anderen Veranstaltungen der Pfarrgemeinde einzuladen.

Aller Wahrscheinlichkeit nach ist das Christentum nie eine Massenbewegung gewesen, es war und ist in seiner ungeschmälerten und damit wahrhaftigen Ausdrucksform immer eine Herausforderung gegenüber einer nur innerweltlichen und damit auch kapitalistisch und diesseitig eingestellten Lebenspraxis. Es lohnt sich, diese Herausforderung immer neu zu wagen!

Besteht für die katholische Kirche in Deutschland die Gefahr, zu einer Aldi-Kirche zu degenerieren, mit Angeboten für jeden zu günstigen Preisen?

Die Gefahr, zu einer „Aldi-Kirche“ zu verkommen, ist nicht von vornherein zu verneinen. Zu Recht sagt der Volksmund. „Was nichts kostet, ist nichts wert!“ Diese einfache Aussage fordert die Kirche heraus, sich keinesfalls billig zu verkaufen, allen Vorstellungen und Wünschen zu entsprechen und nach Möglichkeit es allen Menschen recht machen zu wollen. Wenn das die Botschaft Jesu gewesen wäre, wäre Jesus nicht am Kreuz gestorben, sondern in einem bequemen Bett.

Der Papst, der Bischof, der Priester und der Diakon und alle engsten Mitarbeiter können und dürfen nie in die Rolle des „Chefs eines Verschönerungsvereines“ schlüpfen.

Es kann und darf nie und nimmer im Sinne Jesu sein, mit drohenden oder unterdrückenden Maßnahmen und mit überspitzten moralischen Forderungen „auf die Menschen loszugehen“. Es kann und darf aber auch nicht die Botschaft Jesu und der Wert der Sakramente zu verbilligten Schnäppchen- oder Schlußverkaufspreisen angeboten werden. Wer sich als Christ, besonders auch als Verantwortlicher in der katholischen Kirche auf diesen Weg begibt, wird sehr schnell aufs Glatteis geraten, da ihm selber jede Kraft und jede Art von Zielstrebigkeit für ein gelingendes Leben verlorengehen.

Der „Preis“ für ein gelingendes Leben und für die Vollendung des Lebens über Leid und Tod hinaus, also für das In-den-Himmel-Kommen ist hoch, weil mit diesem Preis auch etwas sehr Wertvolles und Unwiederholbares verbunden ist. Die alltägliche Erfahrung zeigt auch die stimmige Aussage: „Wer es jedem recht machen will, macht es am Schluß niemandem mehr recht!“

Ist Deutschland Diaspora- und Missionsgebiet?

Nicht nur Deutschland ist Diasporagebiet bzw. Missionsland, sondern in jedem Land ist – wie schon betont – der unverkürzte katholische Glaube eine Herausforderung an einen bloß diesseitig ausgerichteten Daseinsentwurf nach der Devise: „Iß und trink und laß dir’s gut gehen, denn morgen bist du tot.“ Wer sich diesem Lebensprogramm verschreibt, wird immer danach trachten, daß er etwas vom Leben hat, und daß er das Leben genießen kann, erst recht heute mit den unzähligen Freizeitangeboten in einer Lustbarkeitsgesellschaft. Andererseits ist aber auch die unauslöschliche Frage in das Herz des Menschen hineingelegt, ob mit dem Tod wirklich alles aus ist und ob gelungene zwischenmenschliche Beziehungen und echte Liebeserfahrungen mit dem Tod ein endgültiges Ende gefunden haben. Weil dem so ist, muß die befreiende und sinnstiftende Botschaft des christlichen Glaubens und damit auch das Angebot der Freundschaft Jesu mit jedem Menschen immer wieder neu bezeugt und bekannt werden!

Es gibt einen aufgeblähten katholischen Apparat, der permanent Papiere produziert, die kaum jemand liest, und gleichzeitig eine zwergenhafte geistige Ausstrahlung des Katholischen in Deutschland. Ist es vielleicht eine Chance für die Kirche, schlanker zu werden, anstatt institutionell weiter Fett anzusetzen?

Papiere aller möglichen Art werden sicher zuviel produziert, wandern bestenfalls in Aktenschränke und Regale, wenn sie nicht sofort in einem Papierkorb verschwinden. Für die Bischofskonferenz ist es eine Herausforderung, zu bestimmten Fragen des Glaubens und des gesellschaftlichen Lebens Stellung zu beziehen. Ich erinnere an die sehr guten und wichtigen Schreiben der vergangenen Jahre: „Zeit zur Aussaat – Missionarisch Kirche sein", „Gerechter Friede", „Katechese in veränderter Zeit". Diese Stellungnahmen sind gekennzeichnet durch eine realistische Wahrnehmung der Gegenwart und sind gleichzeitig durch eine gut verständliche Sprache leicht zu lesen und aufzunehmen. Wäre es nicht eine dringende „Hausaufgabe", daß jede Ordinariatskonferenz und jeder Pfarrgemeinderat sich einmal mit seinem Bischof bzw. Pfarrer derartigen Aussagen widmet und dann auch versucht, die sinnvollen und praktikablen Ratschläge in die Tat umzusetzen? Dies ist freilich nur dann möglich, wenn wirklich nicht zuviel Papier produziert wird, sondern echte Hilfestellungen so gegeben werden, daß die Christen in ihren Pfarrgemeinden wirklich bekennend und missionarisch und nicht zuletzt auch mit Glaubensfreude auftreten können.

Andererseits: Wenn leere Kassen die Kirchenleitungen zwingen, katholische Einrichtungen zu schließen, beim Personal zu sparen, gar Kündigungen auszusprechen, verliert die Kirche geistige Brückenköpfe im Alltag der Menschen. Sind die katholischen Sparkommissare dieser Tage noch bei Trost?

Sie fragen sehr drastisch. In ehrlicher Nüchternheit kann und muß ich feststellen, daß während der vergangenen Jahre, vielleicht auch Jahrzehnte, in verschiedenen Diözesen zu viel Personal eingestellt worden ist. Es kann und darf nicht sein, daß in einzelnen Diözesen von den Kirchensteuermitteln bis zu 70 Prozent für Personalkosten eingesetzt werden müssen. So weit es mir und meinen engsten Mitarbeitern möglich ist, verzichten wir auf Kündigungen und versuchen, freiwerdende Stellen mit ähnlich gelagerten Diensten zu verknüpfen. Diesbezüglich hatten wir in der Diözese Eichstätt schon Erfolg. Zum anderen muß festgestellt werden, daß durch die Kirche sehr viele soziale Dienste und Beratungsstellen bis hin zur Schuldenberatung in Trägerschaft übernommen worden sind, wobei im Gegensatz zu staatlichen oder privaten Dienststellen ähnlicher Art bei den kirchlichen Angeboten keine Gebühren erhoben werden. In Verantwortung für die Bedürfnisse aller Dienste innerhalb einer Diözese können wir die Vielfalt dieses sozialen und gebührenfreien Dienstangebotes auf die Dauer nicht mehr aufrechterhalten, zumal sich die

Kommunen weitgehend aus ihren zugesagten Zuschußunterstützungen zurückziehen.

Was ist mit den Kindergärten?

Neben der Einrichtung des Jugendamtes mit regionalen Dienststellen müssen die Kindergärten in kirchlicher Trägerschaft und die bestehenden karitativen Einrichtungen so weit wie möglich erhalten bleiben. Dies gilt natürlich auch für die unterschiedlichen Beratungsdienste, besonders auch für die Schwangerenkonfliktberatung, die vom Sozialdienst Katholischer Frauen (SKF) in Verbindung mit der Caritas sehr wirksame und vielgefragte Dienste leistet. Zu wünschen bleibt, daß alle diese Einrichtungen, die ja nicht nur katholischen, sondern allen Mitbürgern zur Verfügung stehen, in einer gerechten Weise durch kommunale bzw. staatliche Bezuschussungen unterstützt werden. In Bayern fehlt beispielsweise diese Art staatlicher Unterstützung für die vom SKF getragenen Dienste der Schwangerenkonfliktberatung.

Wovon kann man sich leicht trennen?

Soweit es vertreten werden kann, wird sich die Kirche von Immobilien trennen müssen, wobei bestehende Exerzitien-, Bildungs- und Jugendhäuser in angemessener Zahl erhalten bleiben sollten. Soweit möglich, sollte nicht im Bereich der Seelsorge gekürzt werden, wo dies die priesterlichen Dienste und die Aufgaben der hauptberuflichen Laienmitarbeiter betrifft. In diesem Zusammenhang muß der Einsatz der ehrenamtlichen Dienste in den einzelnen Pfarrgemeinden dankbar hervorgehoben werden, ein Einsatz, wie er in diesem Ausmaß wohl nur in der kirchlichen Gemeinschaft möglich ist.

Fühlt sich der Katholik Walter Mixa als Mitglied einer Schrumpfgemeinde, wenn er nicht im frommen Eichstätt oder im noch verhältnismäßig katholisch geprägten Augsburg, sondern beispielsweise im „heidnischen Berlin" zu tun hat?

Das von Ihnen in übertragenem Sinn „fromm" genannte Bayern ist in keiner Weise aus der Frage- und Problemstellung der gegenwärtigen Situation herausgenommen und befindet sich nicht auf einem anderen Stern. Eine durchaus vorhandene christliche Substanz, die sich nicht zuletzt auch durch einen Lebens- und Zukunftsoptimismus zeigt, wie kürzlich eine Untersuchung feststellte, ist eine nicht zu unterschätzende Grundlage für eine positive Lebensgestaltung. Dazu kommt die Erfahrung, daß wir in Bayern teilweise auf ungebrochene und tiefverwurzelte Traditionen zurückgreifen können, die das Bewußtsein für den Wert des christlichen Gottesbildes, Menschenbildes und Weltbildes zum Teil auch heute noch prägen.

Heile bayerische Welt contra Berliner Verhältnisse?

Die Geistesgeschichte im ehemals preußischen Berlin hat sich ganz anders entwickelt. Sie war über Jahrzehnte geprägt von der Ideologie des Nationalsozialismus und des in gleicher Weise gottlosen und menschenverachtenden Kommunismus. Wenn drei Menschengenerationen in einer ganz starken innerweltlichen und materialistischen Ausrichtung heranwachsen, und Fragen nach Sinnstiftung des menschlichen Daseins und besonders auch die Frage nach Gott bewußt ausgeklammert werden, dann ergibt sich die notwendige Folgerung, daß nur ein Ausschnitt des ganzheitlichen Lebensprogramms ins Blickfeld kommt. Bewußt sage ich, daß wir „Gott sei Dank" in einer freiheitlichen Demokratie mit der garantierten Glaubens- und Religionsfreiheit leben.

Gerade in Berlin dürfen sich die Christen nicht furchtsam in „Mauselöchern verkriechen“, sondern müssen offensiv und ganz positiv mit dem christlichen Lebensprogramm in die Gesellschaft hinein wirken. Dies geschieht etwa durch gutgeleitete, sondern auch stark gefragte Kindergärten und Schulen in kirchlicher Trägerschaft. Im „heidnischen Berlin“ und auch durch die Möglichkeiten der Militärseelsorge gibt es den Vorteil, sich nicht mit altbekannten kirchlichen Vorurteilen herumschlagen zu müssen, sondern ganz positiv und wohlbegründet das alternative christliche Lebensprogramm anzubieten. Wahres Christentum ist noch nie eine Massenbewegung gewesen, sondern stand immer, manchmal mehr, manchmal weniger in Auseinandersetzungen mit einem eher diesseitig ausgerichteten und damit verkürzten menschlichen Dasein.

Loveparade statt Fronleichnamsprozession – ist das der Geist der neuen, antikatholischen Zeit?

Ohne Selbstüberschätzung oder gar Überheblichkeit kann festgestellt werden, daß in unserem deutschen Vaterland die Fronleichnamsprozession wieder zunehmend an Beteiligung und damit an Stellenwert gewonnen hat; selbst im „heidnischen Berlin“ mit einer überraschend großen Anteilnahme. Durch die Jahrhunderte ist bis auf den heutigen Tag diese ganz und gar christusbezogene Frömmigkeitsform erhalten geblieben, weil durch sie die Macht der Liebe und des Lebens des gekreuzigten und auferstandenen Jesus Christus bezeugt wird. Im Gegensatz dazu sind irgendwelche „Loveparaden“ vergleichbar mit einer Eintagsfliege, was man daran sehen kann, daß selbst die keineswegs katholische Stadtregierung von Berlin derartige Veranstaltungen aus unterschiedlichen Gründen zukünftig nicht mehr unterstützt. Dadurch wird deutlich, daß nur dasjenige bleibende Gültigkeit hat, was den Menschen mit seiner innersten Sehnsucht nach bleibender Liebe und nach einem erfüllten Leben anspricht.

Es ist eine allgemeine Lust am Egotrip, an Genußsucht feststellbar: Hat Friedrich Schiller recht, wenn er schreibt: „Genieße, wer nicht glauben kann, wer glauben kann, entbehre"?

Die Aussage von Friedrich Schiller hat durchaus eine bleibende Gültigkeit, wenn sie differenziert verstanden wird. Gott hat uns diese Welt mit der Vielfalt des farbigen Lebens als Ausdruck seiner Liebe geschenkt; auch unser persönliches Leben mit den unterschiedlichen Eigenschaften und Begabungen ist Geschenk der Liebe Gottes. Daran können, dürfen, ja müssen wir uns sogar freuen. Den Worten der großen Theresia von Avila folgend kann gesagt werden: Wenn Fasten, dann Fasten, wenn Brathuhn, dann Brathuhn. Damit ist gemeint, daß die irdischen Güter nicht vergötzt werden dürfen, daß sie aber durchaus uns Menschen zu unserem Nutzen und auch zu unserer Freude geschenkt sind. So verstanden, gilt das Wort von Friedrich Schiller, daß wir unser Herz nicht an die vergänglichen Güter dieser Welt hängen, daß wir auch in verantwortungsvollem Umgang mit der Schöpfung und dem eigenen Dasein nicht maßlos, sondern verantwortungsbewußt leben. Jede Art von einem verantwortungsbewußten Leben ist selbstverständlich auch von Entbehrungsbereitschaft, von Opferbereitschaft und Selbstdisziplin gekennzeichnet, um dadurch zu einer größeren inneren Freiheit zu finden.

Verzweifeln Sie als Katholik an der Blind- und Taubheit der Menschen, für die „Faust" zu gelten scheint: „Den Teufel spürt das Völkchen nie, und wenn er sie beim Kragen hätte"?

Die Blind- und Taubheit, die Selbstgenügsamkeit der Menschen ist immer schon eine Gefahr gewesen, eine Kurzsichtigkeit gegenüber der ganzheitlichen Sicht des menschlichen Daseins. Es kann als eine Folge der Erbsünde angesehen werden, daß der Mensch immer wieder versucht ist, sich nur auf das Handgreifliche und auf das Sichtbare, auch auf den Genuß des Lebens auszurichten und dabei gottvergessen zu werden. Die Gefahr einer derartigen Kurzsichtigkeit muß immer wieder neu angesprochen und gleichsam der Finger auf diese lebensgefährliche Wunde gelegt werden. Der Mensch wird nur dann zu einer ganzheitlichen Erfahrung seines Daseins kommen und dadurch auch wahres Glück erfahren, wenn er sich als Einheit von Geist, Seele und Leib sieht und die damit verbundenen unterschiedlichen Bedürfnisse in einer ganzheitlichen Sicht des Lebens berücksichtigt. Eine Auseinandersetzung, die immer wieder neu angegangen und geleistet werden muß.

Als das Kruzifix-Urteil Karlsruhes leidenschaftlich diskutiert wurde, zog eine evangelische Bischöfin ein Kreuz aus ihrer Tasche, das mit Kornblumen und Gras versehen war. Sie sagte, hier sehe man ein humanitäres und freundliches Bild vom Kreuz. Ist es Selbstliquidation des Christentums, wenn das Kreuz als gefälliger Scherzartikel feilgeboten wird?

Das ist wohl wahr. Das Kreuz ist gerade in seiner Radikalität ernst zu nehmen. Alles andere ist nichts weiter als eine Verkitschung und gefährliche Banalisierung des göttlichen Erlösungshandelns und des Kreuzesopfers Jesu. Ein solcher – salopp gesprochen – „Jesus light“ ist nicht der Gottessohn und Erlöser des Christentums. Diese Tendenz ist gegenwärtig ohnehin bis hinein in die Liturgie festzustellen. Es wird versucht, alles was Opfertod und Opfermahl thematisiert, zu vermeiden, zu umgehen und auf die platte Ebene des Gemeinschaftsmahles zu ziehen.

Packt Sie bei solchen Gelegenheiten, wie der Philosoph Günther Rohrmoser es für sich ausdrückte, geradezu eine Sehnsucht nach den alten Atheisten, weil dieses Jesus-light-Christentum gefährlicher ist als alles, was sich atheistische Machthaber hätten einfallen lassen?

Günther Rohrmoser drückt das in seinem mir hier vorliegenden Buch „Der Ernstfall. Die Krise der liberalen Republik" in bestechender Weise so aus: „Offen auftretende Gegner, die erklären, daß sie als das letzte Hindernis vor der Emanzipation des Menschen das Christentum beseitigen wollen, gibt es kaum noch. Eine Verteidigung und Selbstvergewisserung das Christentums ist aber in einer Lage sehr schwer, in der sich in der Öffentlichkeit keine anständigen und redlichen Atheisten mehr artikulieren." Eine wirkliche Gefahr, die Christentum und Kirche droht, erkennt Rohrmoser hellsichtig hier: „Die radikalsten Angriffe auf das Christentum werden nicht mehr von Atheisten geführt, sondern gehen aus den christlichen Kirchen und Gemeinschaften selbst hervor. Häufig marschieren an der Spitze hochrenommierte, mit großer öffentlicher und amtlicher Autorität versehene Theologen, die diesen Kampf nicht gegen die Kirche als solche, sondern nur für ihre beabsichtigten Reformen führen, beispielsweise für strukturelle Demokratisierung, für die Befreiung von Autoritäten, eben für denjenigen Liberalismus, den wir heute praktizieren. Das ist allerdings keinesfalls jener großartige klassische Liberalismus, zu dem auch ich mich vehement bekenne. Es ist vielmehr die heute praktizierte Form, wonach jeder einzelne das absolute Recht für sich in Anspruch nimmt, sich in allen ihn direkt und indirekt betreffenden Fragen autonom selbst zu bestimmen. Dieses absolutgesetzte individuelle Selbstbestimmungsrecht erstreckt sich nicht mehr nur auf alle Fragen der Moral, der Ethik und alle Grundfragen menschlichen Zusammenlebens, sondern auch auf alle Fragen des christlichen Glaubens, auf alles, was man einmal unter christlicher Wahrheit verstanden hat." Rohrmoser – ich unterstreiche auch das – warnt zudem sehr deutlich vor einer Moralisierung des Christentums, also vor einem entkernten, spirituell und inhaltlich entleerten und nur mehr auf Ethik reduzierten Christentum, wie es die Aufklärung vertrat.

Ist das Katholische also mehr von Larifari und Laisser-faire bedroht als von offenen Kampfansagen?

Ein angepaßtes „Christentum", das mit hängender Zunge jedem Modetrend nachläuft und sich mit dem jeweiligen Zeitgeist zu verbünden sucht, ist so langweilig, daß es keinen Dialog, schon gar keine Kampfansagen herausfordert. Ein nichtbekennendes Christentum, das sich nicht mehr für den Respekt vor Gott, für die Unantastbarkeit des menschlichen Lebens und für das verantwortungsvolle Umgehen mit der Umwelt und der Welt einsetzt, verdient nicht den Namen „Christentum". Eine allen gefällige und angepaßte „christliche" Lebensform steht in krassem Widerspruch zu der Bereitschaft von überzeugten Christen, vom Anfang der Christenheit an bis zur Gegenwart in das Martyrium zu gehen, um der Wahrheit Willen für Jesus Christus das eigenen Leben hinzugeben.

Gegen alle Anfeindungen wegen ihrer uneingeschränkten Treue zum Wort Gottes und zur überlieferten Glaubenslehre der Kirche haben der verstorbene Papst Johannes Paul II. und einer seiner engsten Mitarbeiter, Joseph Kardinal Ratzinger als Präfekt der Glaubenskongregation, die katholische Kirche vor einem verbilligten Ausverkauf ihrer Glaubenswahrheiten bewahrt. Nicht nur katholische Christen, die die Botschaft des Neuen Testamentes ernst nehmen, haben öffentlich und auch im persönlichen Gespräch sich nicht gescheut zu bekennen, daß der Papst in Rom der einzige sei, der ungebrochen am Wort Gottes festhalte und die Wahrheit von Jesus Christus verkündet, sei es gelegen oder ungelegen.

Katholischsein heißt, wieder den aufrechten Gang zu üben?

In gleicher Weise hatte der jetzige Papst Benedikt XVI. – und er tut es bis zur Stunde – in einer sehr verständlichen, klar begründeten und ansprechenden Weise die katholische Glaubenslehre in Wort und Tun so verkündet, daß viele fragende und suchende Menschen, besonders auch junge Menschen eine überzeugende Antwort auf viele ihrer Fragen gefunden haben. Durch diese beiden Päpste ist jeder Verkünder des Glaubens innerhalb der Kirche, und wer es ernst nimmt, auch außerhalb der katholischen Kirche, herausgefordert, für die unverfälschte Wahrheit Zeugnis abzulegen und sich nicht lächerlich zu machen durch billige Anpassung und durch das Absegnen von jedem Laisser-faire-Verhalten.

Liegt die Zukunft des Katholischen außerhalb des Alten Kontinents?

Das Wort „katholisch" bedeutet weltumspannend, sodaß kein Unterschied gemacht werden kann zwischen Europa und den anderen Kontinenten. In der letzten Begegnung des Auferstandenen mit seinen Jüngern (vgl. Mt 28,16–20) fordert Jesus seine Jünger auf, das, was sie gehört und erfahren haben, nämlich die befreiende Botschaft von der Liebe und vom Leben Gottes, bis an die Grenzen der Erde zu verkünden. In allen Teilen der Welt sind die Christen durch das Sakrament der Taufe und der Firmung nicht nur aufgefordert, sondern auch befähigt, wie Petrus in seinem ersten Brief sagt, von der Hoffnung Zeugnis abzulegen, die uns bewußt und positiv leben läßt, und die uns auch mit Zuversicht sterben läßt.

Benedikt XVI. setzt wie sein Vorgänger auf die katholische Jugend. Sie auch?

Die Weltjugendtage, die Papst Johannes Paul II. seit 1986 als Treffpunkte der christlichen Jugend mit Begeisterung gefeiert hat, haben unter jungen Menschen viele neue geistliche Bewegungen entstehen lassen, auch im sogenannten alten Europa. Die Bewegung Jugend 2000 und viele andere von jungen Menschen geprägte geistliche Gemeinschaften lassen deutlich erkennen, daß die Kirche lebt! „Die Kirche ist jung!", wie es Papst Benedikt bei seiner Amtseinführung am 24. April 2005 dankbar und froh verkünden konnte. Ich bin sogar davon überzeugt, daß die gegenwärtige junge Generation wieder mehr für sinnstiftende Lebensfragen und damit auch wieder mehr für die Frage nach Gott ansprechbar ist, als die Generation im mittleren Lebensalter.

Katholischer Glaube ist weltweit, und das heißt überall, immer eine Herausforderung und zugleich auch ein Angebot zu einer hoffnungsvollen Lebensgestaltung, die den einzelnen seine Personwürde erkennen läßt, und ihm ein gesundes Selbstbewußtsein vermittelt.

Zahlreiche Gläubige, meist die schweigende, einfach katholisch gesinnte Mehrheit, beklagen so manche neue Gottesdienstexperimente, die sich durchaus gutgemeint im Sinne von „näher bei den Menschen" eingeschlichen haben. Müssen modische Zöpfe der Gemeindekirchlichkeit wieder zurückgeschnitten werden?

Man hat heute gelegentlich den Eindruck, der Gottesdienst müsse, um attraktiv zu sein, möglichst interessant, raffiniert und abwechslungsreich gestaltet sein. Meist wirkt das alles aber ziemlich kindisch, banal und sogar peinlich, was vor allem auch Außenstehenden auffällt. Und es ist vor allem ein völlig irriges Verständnis des christlichen Gottesdienstes, wie schon Kardinal Joseph Ratzinger sagte: Der Mensch kann den Kult nicht einfach selber „machen". Er greift ins Leere, wenn Gott sich nicht zeigt. Die Liturgie kann nicht unserer Phantasie, unserer eigenen Kreativität entspringen – dann bliebe sie ein Ruf ins Dunkle oder wäre bloße Selbstbestätigung. Sie setzt das konkrete Gegenüber voraus, das sich uns zeigt und damit unserer Existenz die Richtung weist. Deutlich muß herausgestellt werden, daß Liturgie nie eine bloße Zusammenkunft einer Gruppe sein kann, die sich selber feiert und sich damit letztlich selber begeht. In der Liturgie treten wir mit Jesus Christus vor den Vater, und auch hier nicht allein in der versammelten Gruppe, sondern außerdem in der weltweit sich versammelnden Kirche. Richtig verstanden, feiern wir die Liturgie des Himmels in der Weise, daß die Verherrlichung Gottes durch die Heiligen im Himmel in unsere irdische Liturgie hereintritt, und unsere irdische Liturgie in die himmlische hineingewandelt wird.

XII. Kirche und Kapital

Die römische Weltkirche ist global player und global prayer. Muß ein Katholik Antikapitalist sein, also nach herkömmlichem Schema wirtschafts- und sozialpolitisch ein Linker sein?

Eine gewisse Kritik am Kapitalismus kommt im Schreiben Papst Johannes Pauls II. Centesimus annus von 1991 zum Tragen. Es heißt dort: „Trotz der großen Veränderungen, die in den fortgeschrittenen Gesellschaften stattgefunden haben, ist das menschliche Defizit des Kapitalismus mit der daraus sich ergebenden Herrschaft der Dinge über die Menschen keineswegs überwunden." Auch sei, so der Papst, die Behauptung, die Niederlage des realen Sozialismus lasse den Kapitalismus als einziges Modell wirtschaftlicher Organisation übrig, unhaltbar. Er fordert, die Barrieren und Monopole zu durchbrechen, die so viele Völker am Rande der Entwicklung zurücklassen.

Es darf nicht vergessen werden, daß Papst Johannes Paul II. vom Anfang seines Pontifikates an sehr deutlich den gottlosen und menschenverachtenden Kommunismus im östlichen Europa und darüber hinaus attackiert hat. Dieser Papst hat aber nicht nur das System, unter dem er selbst gelitten hat, kritisiert, sondern er hat sich in gleicher Weise gegen die Entwicklung eines extremen Kapitalismus in der westlichen Welt gewandt. Der extreme Kapitalismus läßt die Schere zwischen Reich und Arm national wie international immer größer werden. Eine solche Entwicklung muß als unsozial abgelehnt werden. Zu Recht sagte Johannes Paul II., daß der extreme Kapitalismus, der auch kriminelle Formen annehmen kann, genauso gottlos und menschenverachtend ist wie die kommunistischen Diktaturen.

Gibt es Katholisches an der Idee des Sozialismus? Dient die Wirtschaft noch dem Menschen, oder gibt es eine umgekehrte Tendenz? Gilt es nicht heute als höchstes Zeichen von Vernunft, die Himmelszeichen der Ökonomie richtig zu deuten?

Zur Unvereinbarkeit von katholischer Weltanschauung und Sozialismus schreibt Papst Pius XI. 1931 in Quadragesimo anno: „Enthält der Sozialismus – wie übrigens jeder Irrtum – auch einiges Richtige (was die Päpste nie bestritten haben), so liegt ihm doch eine Gesellschaftsauffassung zugrunde, die ihm eigentümlich ist, mit der echten christlichen Auffassung aber in Widerspruch steht. Religiöser Sozialismus, christlicher Sozialismus sind Widersprüche in sich; es ist unmöglich, gleichzeitig guter Katholik und wirklicher Sozialist zu sein."

Das sollten Sie näher erläutern.

Diese Aussage scheint zunächst eine kaum nachzuvollziehende Feststellung zu sein. Sie kann aber nachvollzogen werden, denn dem Sozialisten ist es von seiner weltanschaulichen Herkunft her stets auch darum gegangen, daß er sowohl Entfremdung durch das Kapital wie auch durch Religion feststellt. Es gibt zweifellos Entfremdungsarten, wobei aber für den Katholiken die Religion mit Blick auf soziales Verhalten keine Entfremdung bedeuten kann.

Ökonomisch betrachtet: Christliche Soziallehre statt Sozialismus?

Es muß festgestellt werden, daß die katholische Soziallehre in einer die menschliche Individualität berücksichtigenden Weise die Anliegen des Sozialismus nicht erst aufgreifen mußte, sondern daß die sozialen Folgerungen als „Früchte" des christlichen Menschenbildes, gleichsam als Errungenschaften diesen Menschenbildes wie von selbst gegeben sind. Die christliche Soziallehre ist von vier Grundsätzen gekennzeichnet, bei deren Beachtung ein wirklich soziales Zusammenleben gelingen kann, wobei auch der wirtschaftliche Fortschritt nicht zu kurz kommt. Diese Grundsätze sind kurz gesagt:

Die *Personwürde* des Menschen gilt als unaufgebbarer Grundsatz für ein menschenwürdiges Zusammenleben und Wirken; auch in bezug auf wirtschaftliche Progression. Aus dem Begriff der Personwürde ergibt sich folgerichtig die Forderung nach *Solidarität.* Der einzelne steht nicht für sich selbst da, ist nicht auf sich allein verwiesen. Der Mensch ist von seiner Grundstruktur auf das mitmenschliche Du angewiesen, so daß durch die Forderung nach Solidarität das mitmenschliche Gegenüber mit seinen positiven Möglichkeiten, aber auch mit seinen Einschränkungen ernst genommen werden muß. Durch die Zustimmung zur Solidarität ergibt sich wie von selbst die Grundhaltung der *Subsidiarität,* das heißt, daß den Hilfsbedürftigen in jeder Weise Unterstützung zukommen muß, aber nicht in bevormundender oder gar unterdrückender Weise. Die Hilfsmaßnahmen gegenüber den Hilfsbedürftigen bzw. gegenüber den Notleidenden, etwa im Blick auf sogenannte unterentwickelte Völker, müssen immer so gestaltet werden, daß alle unterstützenden Dienste und Hilfsleistungen eine Förderung der Selbsthilfe sind, die es einzelnen oder ganzen Volksgemeinschaften ermöglicht, ihre gegenwärtigen Lebensumstände wesentlich zu verbessern. Aus den vorausgegangenen Grundsätzen und deren Umschreibung ergibt sich dann schließlich, daß *das Gemeinwohl über dem Eigenwohl* steht. Dieser Grundsatz verhindert die Entwicklung eines extremen und damit auch egoistischen Kapitalismus, der sogar kriminelle Züge aufweisen kann.

Im Bemühen um ein Zusammenwachsen der europäischen Staaten und auch im Bestreben um eine größere Globalisierung nimmt die katholische Soziallehre einen wegweisenden Stellenwert ein. Sie kann entscheidend dazu beitragen, daß einerseits nicht noch mehr Verelendung und andererseits nicht noch mehr unmenschlicher Kapitalismus um sich greifen.

XIII. Dankbar rückwärts, gläubig aufwärts, mutig vorwärts

Gibt es zuviele katholische Wohlstandschristen, die es bei einer Adveniat-Spende pro Jahr belassen und sich damit von ihrem schlechten Gewissen gegenüber bitterer Armut in der Dritten Welt freizukaufen meinen?

Diese Frage scheint auf den ersten Blick eine berechtigte kritische Anmerkung zu sein. Sie ist es aber nicht. Zu Beginn des Kirchenjahres leitet die Adveniat-Aktion eine große Hilfsaktion für unsere Glaubensbrüder und Glaubensschwestern in Südamerika ein, eine Aktion, die seit mehreren Jahrzehnten die Beförderung des kirchlichen Lebens in Mittel- und Südamerika entscheidend mitgeprägt hat. Und es bleibt nicht „bei einer Adveniat-Spende pro Jahr“:

Zu Beginn des neuen Jahres ist die Sternsingeraktion weltweit eine einmalige Sache, bei der Kinder für Kinder sammeln. Kinder gehen in der Gewandung der Weisen aus dem Morgenland unter der Führung eines Sternes von Haus zu Haus, um für hungernde und leidende Kinder in der weiten Welt um eine helfende Gabe zu bitten. Erstaunlicherweise konnten die Ergebnisse der Sternsingeraktion in den vergangenen Jahren gesteigert werden, wobei Anfang des Jahres 2005 in besonderer Weise die Hilfsmaßnahmen für die betroffenen Menschen der Tsunami-Katastrophe in Südostasien im Mittelpunkt standen und auf einen übermäßig großen Erfolg verweisen konnten.

Durch Sonderkollekten werden auch die bedrängten Christen im Heiligen Land nicht vergessen, und die Misereor-Aktion während der Fastenzeit versucht ebenso weltweit besonders wirtschaftliche Projekte zu unterstützen.

Die Aktion Renovabis versteht sich vor allem als Brükkenkopf zwischen Deutschland und den osteuropäischen Ländern, um den Menschen in den dortigen Ländern und auch in den Kirchengemeinden eine spürbare Hilfe zukommen zu lassen, die bereits vielfältige Früchte bringt.

Diese kontinuierlichen Hilfsaktionen während des Kirchenjahres, zum Teil direkt über die Kollekte in den Sonn- und Feiertagsmessen, sind trotz rückgängigen Kirchenbesuches nicht gemindert worden.

Nicht vergessen werden sollten auch die vielen sozialen Einrichtungen, die von der Caritas wie selbstverständlich finanziell mitgetragen werden, angefangen von Kindergärten und Kindertagesstätten über die unterschiedlichsten Beratungsdienste bis hin zu immer größer werdenden Alten- und Pflegeheimen. Ohne die finanzielle Unterstützung der Gläubigen könnte die Caritas viele der bestehenden sozialen Leistungen und Dienste nicht aufrechterhalten.

Anstatt von „Wohlstandschristen" zu sprechen und womöglich noch mit einem moralisierenden Zeigefinger auf die katholischen Christen zu zeigen, muß in großer Dankbarkeit und Wertschätzung gegenüber allen großen und kleinen Spendern eine große Hochachtung zum Ausdruck gebracht werden, da alle diese vielen Menschen, oftmals auch wirtschaftlich sehr eingeschränkt, ihren Glauben in den Werken der Liebe bezeugen.

Wünschen Sie sich für katholische Schulen Überzeugungstäter als Lehrer im Sinne von Kardinal Meisners Aussage: Nur wessen Herz brenne, der könne das Glaubensfeuer weitergeben?

Eine katholische Schule muß sich genauso wie die einzige katholische Universität Eichstätt-Ingolstadt im deutschsprachigen Raum durch ein Alternativprogramm auszeichnen. Wir brauchen in unserer Bundesrepublik neben den vielen bestehenden staatlichen Schulen nicht noch zusätzliche kirchliche Schulen, wenn diese sich nicht durch ihr Erziehungsprogramm von den übrigen Schulen unterscheiden. Genausowenig bedarf es in der Gemeinschaft der vielen deutschen Universitäten einer katholischen Universität, wenn diese sich nicht neben ihren wissenschaftlichen Leistungen auch durch ein katholisches Profil auszeichnet. Um jeder einfältigen Aussage vorzubauen, ist es uns katholischen Christen selbstverständlich bewußt, daß es keine katholische Mathematik und keine katholischen Erkenntnisse in der Geographie, in der Physik, in der Biologie, in der Chemie usw. gibt. Aber wir dürfen nicht vergessen, daß die Kirche – nicht einzelne Landesfürsten, auch nicht Könige und Kaiser – die erste Institution war, die äußersten Wert auf Bildung, auf Wissenschaft und auf die Entfaltung der Künste gelegt hat.

Die Klöster nicht zu vergessen.

Ja, in diesem Zusammenhang müssen die großen Kulturleistungen der verschiedenen Klöster und der Kirche als solcher in den vergangenen Jahrhunderten bedacht werden. Kultivierung in der Forst- und Landwirtschaft wurde durch die Klöster betrieben. Außerdem wurden Schulen eingerichtet, die sogar eine gewisse Differenzierung aufwiesen, so wie wir heute eine Unterscheidung zwischen Grundschulen und weiterführenden Schulen kennen. Ebenso gab es an den meisten Kathedralkirchen, das heißt am Sitz des jeweiligen Bischofs, derartige Bildungseinrichtungen. Das sich jetzt vielleicht schnell ergebende Vorurteil, daß es sich dabei um Rekrutierung des kirchlichen Nachwuchses gehandelt habe, kann geschichtlich genau belegbar zurückgewiesen werden, weil an den genannten Schulen sämtliche Wissenschaften gepflegt wurden und auch qualifizierte

Laien nicht nur ausgebildet wurden, sondern auch hervorragende Leistungen erbrachten.

Dieses wissenschaftliche Bemühen der Kirche, das erst durch die Säkularisation im Jahre 1803 einen staatlich verursachten, verhängnisvollen Abbruch erlebte, war wesentlich von der alttestamentlichen Vorstellung gekennzeichnet, daß Gott den Menschen diese Welt wie ein Lehen übergeben habe, damit er die Möglichkeiten dieser Erde und der Welt nütze, weiterentwickle und in der rechten Verantwortung gebrauche. Für alle katholischen Bildungseinrichtungen, seien es Schulen oder Universitäten, gilt dieser die Wissenschaft vorantreibende Auftrag bis auf den heutigen Tag. In diesem Zusammenhang haben selbstverständlich das biblische Menschenbild und das biblische Gottesbild, besonders der Höhepunkt, die Selbstmitteilung Gottes in Jesus Christus, eine herausragende Stellung.

Katholisch – das heißt in Bildung und Wissenschaft aber doch auch: Stop, bis hierhin und nicht weiter?

Der Respekt vor dem Schöpfergott und dem liebenden Vater aller Menschen durch Jesus Christus kann und darf in einer katholischen Bildungseinrichtung nicht unbeachtet im Abseits stehenbleiben. Das gleiche gilt bei aller berechtigten Forschung für die unaufgebbare Personwürde des Menschen, die nicht durch Genmanipulation und vergleichbare Praktiken aufs Spiel gesetzt werden darf. Es bleibt die Frage: Kann es überhaupt eine neutrale Wissenschaft geben, wenn es sich nicht nur um Meßbares und Wägbares handelt, sondern wenn es um die Frage nach der Würde des Menschen und nach der bleibenden Sinnstiftung seines Daseins geht?

Haben Sie eine Antwort?

Katholische Bildungseinrichtungen bis hin zu einer katholischen Universität müssen bei aller Freiheit der Forschung und der Lehre immer wieder die Vorzüge des christlichen Gottes-, Menschen- und Weltbildes ins Gespräch bringen und dessen Vorzüge einem rein diesseitigen Daseinsentwurf gegenüberstellen. Ich frage: Kann es eine umfassendere und befriedigendere Aussage geben – für den Menschen in seiner Suche nach dem Absoluten, letztlich nach Gott, bei seinem Erforschen des Lebenssinns, bei seinem Bemühen um eine verantwortungsbewußte Gestaltung der Welt?

Packt Sie heiliger Zorn beim Blick auf Entwicklungen wie in Berlin, wo dem Religionsunterricht das Wasser abgegraben wird?

Heiliger Zorn kann und muß mich dann ergreifen, wenn Politiker, die auch Verantwortung für Wissenschaft und Bildung übernehmen müssen, die Frage nach dem Wert des Religionsunterrichtes oberflächlich behandeln. Mit dieser Vorgehensweise beschreiten die Verantwortlichen einen ausgesprochenen Irrweg und müssen sich den Vorwurf der Verantwortungslosigkeit gefallen lassen.

Verantwortungslosigkeit, gepaart mit Dummheit?

Die so Denkenden und Handelnden müssen sich sogar den Vorwurf der Torheit gefallen lassen, da nicht wenige moderne Naturwissenschaftler die Feststellung machen, daß das gesamte Universum und damit auch unsere kleine Welt nicht aus einem beliebigen Zufall entstanden sind, sondern daß hinter allem mit einer ausgesprochen ausgeklügelten Gesetzmäßigkeit eine absolut geistige, persönliche Ursprungskraft stehen muß, die, wie Max Planck sagt, „allemal schon als Gott bezeichnet worden ist." Zudem können und dürfen wache Politiker nicht übersehen, daß es in der Bundesrepublik Deutschland seit dem Zweiten Weltkrieg noch nie so viele depressive Erkrankungen gegeben hat, und daß viele Menschen, besonders auch Jugendliche, oftmals mit einer großen Sehnsucht nach einer bleibenden und befriedigenden Sinndeutung für ihr Leben suchen.

Religionsunterricht als Arzneimittel?

Diese deutschen Depressionen müssen alle Kräfte in unsere Gesellschaft aufrütteln und herausfordern. Es muß zugleich auch neu die Frage gestellt werden, inwieweit eine gut argumentierende und glaubwürdige Darstellung der Religion entscheidende Abhilfe schaffen könnte. Religion in einem umfassenden Sinne gehört nicht nur in den Religionsunterricht, sondern in den Kontext aller schulischen Fächer, weil die Theologie und die christliche Philosophie Disziplinen der Wissenschaft sind, die Grundfragen, die Frage nach dem Absoluten, nach der Wahrheit und selbstverständlich auch die Frage nach dem Sinn des menschlichen Daseins systematisch und fundiert reflektieren. Religionslehre ist ein Fach, das sich nicht ausschließlich mit der Frage nach Gott und religiöser Praxis befaßt – so wichtig dies ist –, sondern auch mit historischen, ethischen, gesellschaftlichen, sozialen, wissenschaftstheoretischen, kosmologischen und anthropologischen Fragestellungen – eine durch nichts anderes zu ersetzende Reflexion über Grundfragen!

Sehr vielen Politikern müßte neu ins Stammbuch hineingeschrieben werden, daß all das, was sie so hoch preisen, daß Aufklärung, Freiheit, Selbstbestimmungsrecht, Eigenverantwortung allesamt Eigenschaften sind, die nur durch das christliche Menschenbild hervorgebracht worden sind. Diese Tatsache macht wiederum einmal deutlich, daß die ganze europäische Geschichte in Vergangenheit und Gegenwart und auch für die Zukunft ohne die christlichen Wurzeln nicht verstanden und gedeutet werden und auch nicht sinnerfüllt auf Zukunft hin weiterentwickelt werden kann.

Welche geistigen Impulse gibt die Katholische Universität Eichstätt-Ingolstadt, damit wieder „Leben in die katholische Bude" kommt?

Die Katholische Universität Eichstätt-Ingolstadt kann und muß geistige Impulse und ein noch stärkeres katholisches Profil hervorbringen, „damit wieder Leben in die katholische Bude kommt"! Mit dieser katholischen Universität haben wir in Deutschland ein „goldenes Pfund" in Händen, mit dem wir wuchern können und müssen. Freilich befürchte ich, daß diese Tatsache von vielen unserer führenden katholischen Christen, auch in geistlichen Stellungen, noch nicht so ganz erkannt worden ist. Die Unterstützung in ideller und moralischer Hinsicht, die Unterstützung auch in finanzieller Hinsicht muß sich in Zukunft viel intensiver entwickeln, da diese Universität in unserer säkularen und von verschiedenen Religionen und Kulturen geprägten Gesellschaft ein nicht zu übersehendes und zugleich auch herausforderndes Alternativprogramm anbieten könnte und natürlich auch müßte.

Dabei muß auch gesehen werden, daß die Katholische Universität Eichstätt-Ingolstadt bei „Rankings" und „Evaluationen" sehr gute Noten bekommen hat, die im ersten Viertel der Beurteilungen angesiedelt sind. Neben den bestehenden sieben Fakultäten gibt es zwei bedeutende und mittlerweile anerkannte Fachhochschulstudiengänge, beispielsweise auch für „Soziale Arbeit", ein vordringliches Thema.

Kein Wunder, daß Sie Reklame machen. Als Bischof von Eichstätt waren Sie gleichzeitig Großkanzler der Uni.

Ich bleibe dabei: Zentralinstitute für Mittel- und Osteuropa; für Mittel- und Südamerika haben bisher über die Grenzen von Deutschland hinaus anerkannte und gute Arbeit geleistet. Vor sieben Jahren konnte das Collegium Orientale eingerichtet werden, das osteuropäischen Studenten, besonders den griechisch-katholischen Christen der Ukraine, aber auch Mitgliedern anderer byzantinischer und altorientalischer Kirchen eine geistige Heimat bietet, als Grundvoraussetzung für gelingende Studien und deren Abschlüsse an der Theologischen Fakultät der Universität, möglicherweise auch an anderen Fakultäten. In Verbindung mit diesem Angebot ist erst jüngst in Zusammenarbeit mit der Katholischen Universität in der Ukraine ein Masterstudiengang geplant worden: „Ökumene – der christliche Osten". Er versteht sich als eine Art Brückenkopf zwischen der östlichen und der westlichen Kirche und eröffnet eine entsprechend begründete und wahrhaftige Ökumene.

Sie sind ja richtig in Fahrt. Was gibt's noch im Angebot?

Vor drei Jahren konnte das „Zentralinstitut für Ehe- und Familie in der Gesellschaft" gegründet werden, das durch Forschung und Lehre während der jüngsten Vergangenheit gute Ergebnisse erzielen konnte. Dieses Institut arbeitet in beispielhafter Weise auch mit dem katholischen Militärbischofsamt in Berlin zusammen, um so für die sogenannten „Fernbeziehungen" eine ansprechende und wirksame Ehe- und Familienunterstützung zu leisten. Nicht nur durch die Auslandseinsätze unserer Soldaten, sondern ebenso durch die Neuorientierung von militärischen Standorten wie durch die Fluktuation im Arbeitsprozeß von Industrie und Wirtschaft sind heute verstärkt eheliche und familiäre Verbindungen gefährdet. Bundesweit ist die Zahl der Ehescheidungen und der Scheidungswaisen immer noch im Steigen begriffen. Durch Forschungsergebnisse, durch Lehrveranstaltungen, vor allem aber auch durch gezielte praktische Angebote vor Ort, nicht zuletzt in Zusammenarbeit mit der Militärseelsorge, will und kann dieses neu errichtete Zentralinstitut einen Beitrag für unsere Gesellschaft leisten, der vor allem die Wertschätzung von Ehe und Familie zum Ziel hat.

Die genannten Beispiele zeigen, daß die Katholische Universität Eichstätt-Ingolstadt selbst keine „verschlafene Bude" ist, sondern ganz bewußt vom christlichen Gottes-, Menschen- und Weltbild her Akzente in Forschung und Lehre hineintragen will und damit gleichzeitig auch eine Hilfe gibt für das praktische Leben. Trotzdem gilt auch hier: Wer aufhört, besser sein zu wollen, der hört auf, gut zu sein.

Was halten Sie von katholischen Studentenverbindungen? Segeln hier nicht häufig bierselige Leichtmatrosen unter falscher Beflaggung?

„Bierselige Leichtmatrosen unter falscher Beflaggung" segeln bestimmt nicht in großer Menge bei den katholischen Studentenverbindungen mit. Wenn in Bayern das Bier als flüssiges Nahrungsmittel bezeichnet wird, mag das bis zu einem gewissen Grad durchaus seine Berechtigung haben. Bei geselligen Zusammenkünften von Menschen, angefangen bei den vielberedten Stammtischrunden bis hin zu geselligen Abenden unserer Studenten mit oder ohne Professoren spielt ein gewisses Maß an Alkohol durchaus eine Rolle. Wollte ich anderes behaupten, dann wäre das unehrlich. Ich betone aber, daß ich von einem „gewissen Maß" gesprochen habe. Bei den verschiedenen Veranstaltungen mit Studenten, gerade auch mit solchen, die sich zu katholischen Verbindungen bekennen, hatte ich eher den Eindruck, daß von grob gesagt „Sauferei“ überhaupt nicht die Rede sein konnte. Mir ist eher aufgefallen, daß viele beim Genuß von alkoholischen Getränken eher zurückhaltend sind und sich mehr nichtalkoholischen Getränken zuwenden. Diesbezüglich gibt es bei jungen Leuten interessante Beobachtungen. Es gibt leider etliche Jugendliche, die beim Konsum von Alkoholika, besonders auch von „harten Getränken“ keine Schranken kennen, so daß die Gefahr groß ist, in Alkoholismus zu verfallen. Gleichzeitig gibt es aber nicht wenige Jugendliche, die zurückhaltend Alkohol konsumieren, also durchaus Bier und Wein trinken, aber in begrenzten Mengen, sodaß ich unter Studenten – ich komme immer wieder mit vielen zusammen – noch nie einen Vollrausch erlebt habe.

Die werden sich in Gegenwart des Bischofs zusammengerissen haben. Aber was treibt heute noch junge Leute in katholische Verbindungen?

Für die Studentenverbindungen gibt es gerade in unserer sehr differenzierten Gesellschaft eine sehr große Befürwortung in der Weise, daß gleichgesinnte Studenten, für die der katholische Glaube nicht unwichtig ist, sich mit Leuten zusammenschließen wollen, mit denen sie auch über ihre Weltanschauung, über ihre Religion sprechen können.

Bei Gesprächsrunden fällt mir immer wieder überraschend auf, daß Studenten gesellschaftspolitisch und kirchenpolitisch sehr interessiert sind. In gleicher Weise sind sie aufgeschlossen für Fragen, die zum Beispiel wichtige Inhalte des katholischen Glaubens betreffen und die sich ganz offen mit den Fragen einer alltäglichen christlichen

Lebensgestaltung befassen. Erst vor kurzem konnte ich mit einer katholischen Studentenverbindung einen Gottesdienst feiern, der von einer spürbaren inneren Anteilnahme und einer echten Begeisterung mitgetragen war.

Katholische Studentenverbindungen sind für mich heute sehr wichtige und unaufgebbare Gemeinschaften, in denen bewußt katholische Studenten, aber auch suchende und fragende Studenten ungehindert über das sprechen können, was sie zuinnerst bewegt. Durch diese Möglichkeit bilden sich selbstverständlich gute Kameradschaften und Freundschaften. So kann für junge Leute eine Studentenverbindung durchaus eine geistige und menschliche Beheimatung sein.

Historisch waren katholische Studentenverbindungen einmal so etwas wie das Salz in der gesellschaftlichen Suppe. Muß nachgesalzen werden?

Die gesellschaftspolitische Situation für die katholischen Studentenverbindungen zeigt heute eine gewisse Ähnlichkeit mit den Gründungszeiten dieser Verbindungen. Nach der Säkularisation, in den Spätfolgen der Aufklärung und nicht zuletzt nach der Begründung des preußischen Kaiserreiches sind die katholischen Bürger des Deutschen Reiches in ein gewisses Hintertreffen geraten. Über Generationen hin hatten Katholiken im Deutschen Reich den Eindruck, sie seien Staatsbürger zweiter Klasse. Nicht zuletzt wurden sie als „ultramontan“ oder „papistisch“ verschrien.

Gott sei es gedankt, daß die Katholiken nicht resigniert haben, sondern sich bewußt in katholischen Verbänden, Vereinigungen und Gemeinschaften zusammengeschlossen haben. Gestalten wie Bischof Ketteler, wie Adolph Kolping und andere namhafte Katholiken haben das ihrige dazu beigetragen. In dieser Situation haben sich auch katholische Studenten in katholischen Verbindungen zusammengeschlossen, um mutig und bewußt einen katholischen Daseinsentwurf dem sehr ausgeprägten preußischen und protestantischen Vaterlandsverständnis entgegenzusetzen.

Den katholischen Studentenverbindungen ist zu wünschen, daß sie ihre ursprüngliche christliche und katholische Zielausrichtung nie aus dem Auge verlieren, daß sie sich nicht billig anpassen und daß sie das alternativ Christliche in der Gemeinschaft der weltweiten katholischen Kirche mutig bekennen und überzeugend leben.

Sollten sich Katholiken entschiedener um Politik kümmern, aktiver mitwirken?

Beim Aufbau der jungen Bundesrepublik nach 1948 war es eine staunenswerte Tatsache, daß nicht nur ältere überzeugte Katholiken, sondern auch junge katholische Christen sich bewußt für die Gestaltung der neuen freiheitlichen, demokratischen Bundesrepublik eingesetzt haben. Viele der jungen Politiker kamen aus der damals noch sehr aktiven Jugendbewegung „Bund Neudeutschland“ und aus der Mädchen- und Frauenbewegung „Heliand“. Für Katholiken, besonders für jüngere, war es damals eine reizvolle Herausforderung, beim politischen Neuaufbau mitzumischen und ganz selbstverständlich katholisch die eigenen Positionen zu benennen. Wie sich gezeigt hat, war diese Bereitschaft dringend notwendig, da nur so das bestehende Grundgesetz geschaffen werden konnte, bei dem am Anfang ausdrücklich die Achtung vor der Personwürde des Menschen und der Respekt vor Gott festgeschrieben wurden.

Da ist mit den Jahrzehnten, auch bei Politikerinnen und Politikern der „C“-Parteien, etwas ins Rutschen geraten.

Wir befinden uns heute in einer ähnlichen Situation, vielleicht sogar noch um ein Grad schwieriger, weil eine schleichende Säkularisierung und in Verbindung damit eine Gottvergessenheit um sich greifen. Gegenüber vielen undefinierbaren Lebenseinstellungen und materialistischen Grundhaltungen kann und muß das christliche Menschenbild auf der Grundlage des Glaubens an den einen und wahren Gott neuer und bewußter hineingetragen werden in eine geistig krank gewordene Gesellschaft. Viele Politiker sprechen davon, daß eine „Werte-Erneuerung" dringend notwendig sei, aber kaum einer spricht davon, was er unter diesen Werten versteht.

Der entscheidende Grundwert im Leben ist Treue: Treue als Zutrauen zu dem Herrn und Gott, der diese Welt und jeden einzelnen von uns geschaffen und gewollt hat. Zutrauen zu dem Gott, der sich durch die Menschwerdung, durch das Kreuz und Leiden und durch die Auferstehung seines Sohnes bedingungslos auf unsere Seite gestellt hat. Diesem Gott kann ich wahrhaft vertrauen im Auf und Ab des täglichen Lebens, im Leben und im Sterben. Durch ein solches Vertrauen Gott gegenüber kann der zweitwichtigste Wert wachsen, nämlich das Zutrauen und die Verläßlichkeit der Menschen untereinander. Diese Werte bedürfen eines Wachstums und eines Reifungsprozesses, der ohne persönliches Bemühen, ohne Selbstdisziplin, ohne Pflichterfüllung und Opferbereitschaft nicht möglich ist.

Und ohne vorbildhafte Autoritäten doch wohl auch nicht?

Wenn oben von katholischen Schulen die Rede war, dann muß eine Besonderheit einer katholischen Schule auch darin zu erkennen sein, daß im Zusammenleben Rücksichtnahme, Pflichtbewußtsein und Selbstdisziplin eingefordert werden, da sonst ein faires und mitfühlendes Zusammenleben nicht möglich ist. Die antiautoritäre Erziehung der späten 60er und der 70er Jahre hat sich nicht nur als vollkommene Torheit entpuppt, sondern hat viele Menschen lebensunfähig gemacht. Nur durch Treue und Zuverlässigkeit können auch die Bereitschaft zur Ehe auf der Grundlage von Verbindlichkeit und die Begründung einer Familie möglich werden. Durch diese Einsicht wird auch der Schutz des ungeborenen Lebens, des behinderten und altgewordenen Lebens zu einer menschlichen Selbstverständlichkeit, über die nicht diskutiert werden kann. Für all das können und müssen christliche Politiker, auch vermittels ihrer Prägung durch die katholischen Soziallehre, eintreten und um Gottes und des Menschen willen politische Verantwortung übernehmen.

Wie mißtrauisch werden Sie gegenüber Politikern, die ihren Kanzler- und Ministereid ohne Anrufung Gottes leisten?

In der Präambel des Grundgesetztes ist der Respekt, das heißt die Ehrfurcht vor dem einen Herrn und Gott als Fundament für alle weiteren Gesetzesvorlagen uneingeschränkt festgelegt. Für mich stellt sich deshalb ganz entschieden die Frage, ob Politiker, die ihren Kanzler- und Ministereid ohne Anrufung Gottes leisten, mit Bewußtsein und klarer Überlegung auf der Grundlage des Grundgesetzes stehen. Diese Frage ist deshalb so begründet, weil etliche von den sich so Verhaltenden die Unantastbarkeit des menschlichen Lebens in Frage stellen, einen menschlichen Embryo zu Forschungszwecken freigeben und ihn dadurch unterschwellig wie einen bedeutungslosen „Zellklumpen" behandeln. Grundsätzlich kann und muß auch aus den folgenschweren politischen Ereignissen des 20. Jahrhunderts bis hinein in die Gegenwart festgestellt werden, daß nur derjenige Respekt vor der menschlichen Person hat und die Unantastbarkeit des menschlichen Lebens vertritt, der auch uneingeschränkte Ehrfurcht, das heißt Respekt vor Gott hat. Denn die Achtung vor Gott schließt immer eine bestimmte Einstellung den Mitmenschen gegenüber und damit auch um die Achtung vor dem menschlichen Leben ein.

In Ihrem Buch „Priester für die Welt" sprechen Sie von Zweifeln des Jugendlichen Walter Mixa an dem „ganzen katholischen Zauber"; Sie fragten sich damals, welchen Sinn etwa Sonntags- und Schulgottesdienst machten. Haben gerade junge Menschen ein feines Gespür dafür, daß hinter so manchem Abspulen religiöser Rituale wenig wirkliche innere Überzeugung steht?

In einer seiner Schriften stellt der bekannte Atheist und Religionskritiker Ludwig Feuerbach fest, daß jeder Kultdiener, der die religiöse Handlung oberflächlich und schnellstens zelebriert, einem Totengräber der Religion gleicht. Diese Aussage, die absolut ernst zu nehmen ist, fordert jeden Bischof, Priester und Diakon und auch jeden hauptberuflichen Laienmitarbeiter im kirchlichen Leben eindeutig heraus. Als Jugendlicher erlebte ich nie einen schlampig gefeierten Gottesdienst, erlebte auch Meßfeiern niemals als bloßes mitmenschliches Happening mit dem Höhepunkt des gemeinsamen „Brötchenessens", sondern erlebte nur würdig gefeierte Gottesdienste. Trotzdem kam mir die Frage: Worin hat dieses religiöse Tun seinen eigentlichen Sinn? Welche Bedeutung hat es für mein und unser Leben? Ich hatte damals das Glück, mit überzeugten Leitern unserer Jugendgruppen und auch mit gut argumentierenden Priestern ins Gespräch zu kommen, so daß ich nicht zuletzt auch durch das intensive Lesen – heute würde man sagen: Verinnerlichen – des Neuen Testamentes zu der festen Überzeugung kam, Priester werden zu müssen.

In bezug auf diese Erfahrung hat sich nichts geändert, weil wir Menschen uns in vielem immer gleich bleiben. Jugendliche, die sich für den Glauben interessieren, die nach einem Sinn für ihr Leben suchen, suchen auch immer wieder aufs neue das Gespräch mit überzeugten Christen. Gleichzeitig bringen sie sich in Gottesdienste ein, die sie mit überlegt formulierten Gedanken zur Buße und zu den Fürbitten, mit neuerem geistlichen Liedgut gestalten. Zugleich erwarten sie aber mit Recht, daß sie in der Predigt mit einer glaubwürdigen inhaltlichen Darstellung unseres katholischen Glaubens angesprochen werden und auch eine würdig gefeierte heilige Messe erleben. Sie wissen darum, daß der eigentlich Sprechende und Handelnde Jesus Christus selber ist, der sich besonders durch das Weihesakrament den einzelnen Menschen als „Werkzeug" leiht. Wer in der Liturgie eine Aufgabe übernimmt, vollzieht, und das gilt besonders für den Priester, einen sehr wichtigen Dienst vor Gott und den Menschen. Es geht nicht um großartige Reden und verschönte Gesten, sondern um eine ehrliche, persönliche Glaubensüberzeugung, die sich in einer ansprechenden Weise im Wort und Tun manifestiert.

Gleichen manche Katholiken nicht Studenten im 20. Semester, die zwar eingeschrieben sind, weil das kleine Vorteile bringt, aber längst keine Vorlesung mehr besuchen? Wirft ein Pfarrer nicht die sprichwörtlichen Perlen vor die Säue, wenn er sich von diesen katholischen Karteileichen als eine Art Chef eines Verschönerungsvereins bei wichtigen Lebensabschnitten wie Taufe und Hochzeit engagieren läßt?

Es ist für keinen Priester angenehm, wenn er spüren muß, daß er zu bestimmten religiösen Handlungen wie der Chef eines Verschönerungsinstitutes gebraucht bzw. mißbraucht wird. Nicht wenige Katholiken nehmen kirchliche Dienste von der Taufe bis zur Beerdigung in Anspruch, auch wenn sie persönlich schon jahrelang nicht mehr in der heiligen Messe waren, geschweige denn die heiligen Sakramente empfangen haben.

Bei der Begegnung mit solchen Katholiken und deren durchaus selbstbewußt vorgetragenen Ansprüchen gibt es, von Ausnahmen abgesehen, im Grunde nur zwei Möglichkeiten.

Die eine Möglichkeit besteht darin, genauso selbstbewußt wie der Gesprächspartner aufzutreten und ihn mit einem gewissen Triumphgefühl abblitzen zu lassen, bis er vielleicht um der Sache willen ein klein wenig in die Knie geht. Diese Verhaltensweise ist deshalb abzulehnen, weil sie dem Verhalten Jesu und der Botschaft der Evangelien total zuwiderläuft, und weil sie gar nicht bedenkt, welch tiefe Verletzungen in manch einem empfindsamen Menschen angerichtet werden, der zu seinem Schutz nach außen hin sehr selbstsicher auftritt.

Christlich gesehen gibt es nur den anderen Weg: Gerade für kirchlich Fernstehende brauchen wir ein „hörendes Herz" und Weisheit, wie sie sich der junge König Salomo erbeten hat (1 Kön 3,9.11 f.). Es ist wichtig, zuerst einmal die Gesprächspartner, auch wenn sie noch so selbstsicher auftreten, einfach ausreden zu lassen. Wie oft habe ich die Erfahrung gemacht, daß durch ein einfühlsames Eingehen auf meinen Gesprächspartner nach dessen erstem Wortschwall eine gewisse Befriedung um sich griff und wir zu einem sehr ruhigen und sachlichen Gespräch kamen. Dies gelingt in der Regel immer dann, wenn ich nach den Lebensumständen und nach den eigentlichen und damit tiefen Sorgen meiner Gesprächspartner gefragt habe.

Die erklärten Fernstehenden sind in Wahrheit Suchende?

Verbirgt sich nicht gerade bei denen, die man „Kirchenferne" nennt, viel unausgesprochene menschliche und geistliche Not und vielleicht manchmal auch Enttäuschung über Begegnungen mit dem sogenannten „göttlichen Bodenpersonal"? Bei allen Begegnungen zwischen den hauptamtlichen Mitarbeitern einer Pfarrei und den Angehörigen dieser Pfarrei gibt es eine durchaus große Chance, die wir psychologisch klug nutzen können und müssen. Handlungsleitend ist aber der Geist Jesu: „Ich bin gekommen, die Kranken zu heilen, nicht die Gesunden, ich bin gekommen um aufzurichten und nicht um zu unterdrücken." So zu handeln – ist das nicht eine große Chance zu Heilung? Selbstverständlich ist es notwendig, bei diesen Gelegenheiten über den Wert der Sakramente bzw. der Beerdigung zu sprechen und für eine wirklich gute und alle befriedigende Vorbereitung auf dieses geistliche Ereignis zu werben. In der Regel bin ich dann immer auf Verständnis und sogar Entgegenkommen gestoßen. Nach einer persönlichen, gutgestalteten liturgischen Feier wurde und wird mir auch heute sehr oft ein ehrlich, dankendes und anerkennendes Wort gesagt.

Müßten katholische Geistliche als Botschafter des Glaubens mehr und vor allem selbstbewußt im Alltag geistliche Kleidung statt Allerweltskluft tragen, wie immer öfter zu beobachten ist?

Bei meinen Begegnungen mit nichtkatholischen Geistlichen ist es unübersehbar, daß die meisten von ihnen geistliche Kleidung tragen, die in etwa der normalen römischen Priesterkleidung entspricht.

Wenn im Gegensatz dazu beispielsweise ein katholischer Ordensgeistlicher sagt: „Priesterkleidung ist die Kleidung, die ich gerade trage", so geht eine solche Aussage an der Wertigkeit der priesterlichen Kleidung vollkommen vorbei.

Die priesterliche Kleidung hat eine zeichenhafte Zeugniswirkung! Zum einen macht sie deutlich, daß sich auch heute noch Menschen, das gilt natürlich auch für Ordensleute, für Gott und für Mitmenschen auf den Weg machen. Überspitzt ausgedrückt: Es ist wichtig, in einer sehr verweltlichten Gesellschaft durch eine schlichte, aber auch klare geistliche Kleidung zu zeigen, daß es diese „Narren Gottes" noch gibt.

Zum anderen ist für den Träger der geistlichen Kleidung diese für ihn selbst und auch für die Öffentlichkeit ein Zeichen dafür, daß er nicht mehr zu haben ist, daß er ein Versprechen gegeben hat und gleichsam mit Christus „verheiratet" ist.

Der Kaplan in Jeans ist also verkleidet?

Es darf nicht übersehen werden, daß gutgesinnte und überzeugte katholische Christen innerlich sehr enttäuscht sind, wenn ein Priester in einer total verweltlichten Kleidung beispielsweise in den Beichtstuhl oder zur heiligen Messe geht, wenn er in der gleichen indifferenten Kleidung zum Krankenbesuch, sei es im Krankenhaus oder mit der heiligen Kommunion in die Häuser der alten und kranken Gläubigen kommt. Aus Achtung vor dem priesterlichen Dienst äußern viele davon betroffene katholische Christen nicht ihre Enttäuschung, tragen sie aber trotzdem in sich und fragen sich ganz ernsthaft, warum unsere Priester und Ordensleute sich vielfach in einer indifferenten und total angepaßten weltlichen Kleidung verstecken und nicht mehr Zeugnis ablegen für den Dienst, für den sie berufen sind, und der auch heute noch für viele Menschen sehr wichtig und manchmal sogar lebenswichtig ist. Das sage ich deshalb so deutlich, weil ich es selbst schon erfahren habe, und mir vielfach auch berichtet worden ist, daß sorgenerfüllte Menschen, manchmal auch verzweifelte, gerade in einer Begegnung mit einem erkennbaren Priester ihr Herz ausschütten und daraus neue Kraft und Lebensmut schöpfen konnten. Es bleibt dabei, daß die geistliche Kleidung gerade heute ein wirksames Zeichen dafür ist, daß Jesus mitten unter uns ist und durch Menschen, die sich ihm ganz verschrieben haben, in besonderer Weise zum Menschen spricht und für uns Menschen auf allen Straßen unseres Lebens da sein will.

Die Katholische Nachrichten-Agentur berichtete am 31. Mai 2005 über ein Streitgespräch zwischen Medienleuten über Religion. Am Schluß wird eine Theologieprofessorin mit dem Satz zitiert, jemand, der religiös sei, müsse sich nicht mehr so entschuldigen wie in den 80er Jahren. Richtig beobachtet?

Eine realistische Feststellung. Verschiedene Umfragen innerhalb der bundesdeutschen Bevölkerung haben ergeben, daß wenigstens 70 Prozent der Bevölkerung in der Weise religiös eingestellt sind, daß sie nach unterschiedlichen Vorstellungen an etwas Überirdisches glauben. Festzustellen ist auch, daß unter jungen Menschen die Frage nach Gott, auch die Frage nach der Kirche und vor allem die Frage nach einer möglichst sinnerfüllten Gestaltung des Lebens für viele selbstverständlich geworden sind.

In neuester Zeit ist sogar eine noch nicht ganz greifbare geistige Bewegung auszumachen, die bedingt ist durch das Pontifikat des jetzigen Papstes Benedikt XVI. Mit den Worten des Journalisten Heinz-Joachim Fischer kann dieser Papst als „Intellektueller auf dem Stuhl Petri" bezeichnet werden. Die Art und Weise, wie dieser Papst in Auseinandersetzung mit postmodernen geistigen Strömungen die Gottesfrage erörtert, fordert ernstzunehmende Denker heraus. Die eindeutige und begründete Stellungnahme des

Papstes gegen den Relativismus läßt neu und herausfordernd die Frage aufkommen, ob der Mensch wirklich „das Maß aller Dinge ist“, ob der Mensch sich selbst erlösen könne und ob der Mensch sein persönliches Leben und das Weltgeschehen voll im Griff habe, und zwar jeweils nach eigenem, das heißt nach subjektivem Denken und subjektiven Vorstellungen.

Die Frage nach Gott stellt sich wieder neu?

Wie ein Lichtschimmer am Horizont scheint tatsächlich die durch eine rein materialistische Lebenseinstellung verbreitete Gottvergessenheit in den Hintergrund zu treten, und es wird offenbar neu die Frage nach dem ganz Anderen und immer Größeren, die Frage nach Gott gestellt.

Nicht zuletzt auch durch die Erfahrung von Krieg und Elend, von Heillosigkeit in dieser Welt, erhebt sich die bange Feststellung, ob Krieg und Haß, Mord, Leid und Tod das letzte Wort haben, und ob wir eher einer „Kultur des Todes“ als einer „Kultur des Lebens“ ausgeliefert sind. Auch die Frage nach einem Weiterleben nach dem Tod und damit nicht zuletzt die Frage nach Kreuz und Auferstehung Jesu Christi kommen neu ins Gespräch. Bei vielen konfessionell nicht gebundenen Soldaten mache ich immer wieder die Erfahrung, daß gerade auch diese jungen Männer der Frage „Tod und was dann?“ nicht aus dem Weg gehen.

Es kann nicht verleugnet werden, daß jeder Mensch in seinem innersten Dasein ein unauslöschliches Verlangen nach bleibender und vollkommener Liebe, eine Sehnsucht nach einem dauerhaften Leben in sich trägt. Wie es der große Kirchenlehrer Augustinus in seinem Werk „Bekenntnisse“ ausgedrückt hat, ist es nach wie vor auch für heute anwendbar: „Gott, du hast uns auf dich hin geschaffen; und unruhig ist unser Herz, bis es Ruhe findet in dir.“

Ich komme zum Schluß noch einmal zurück auf die aktuelle Herausforderung durch den Islam. Bedeutet diese Religion nicht auch deshalb eine Gefahr für den Katholizismus in Deutschland, weil sie ein Gottesglaube ist, der gelebt wird, der den Alltag seiner Anhänger bestimmt?

Es ist richtig, daß viele Muslime ihren Glauben bewußt im Alltag leben. Bei einem Firmenbesuch in Ingolstadt wurde mir von der Unternehmensleitung nebenbei gesagt, daß viele angestellte Muslime auch während der Arbeitszeit ihre Gebetszeiten abhielten, und sei es auf einem wenig benutzten, unwirtlichen Flur.

Diese Aussage muß uns zu denken geben, genauso wie eine Erfahrung, die ich in der Türkei machte, als ich fragte, wieviel Prozent von den Männern zum wöchentlichen Freitagsgebet kämen. Meine Frage wurde mit Erstaunen aufgenommen und dann eindeutig beantwortet: „Wer nicht kommt, ist kein Anhänger des Propheten."

Für uns als katholische Christen müssen derartige Erfahrungen eine große Herausforderung sein. Viel stärker müßten wir beispielsweise aus einem inneren Bewußtsein heraus, aus der Wertschätzung Gott gegenüber und unserem menschlichen Gegenüber feststellen: Der Sonntag gehört Gott und gehört uns. Die Feier des sonntäglichen Gottesdienstes, die ihren Ursprung in dem Auftrag Jesu aus dem Abendmahlsaal hat: „Tut dies zu meinem Gedächtnis", hat ja erst mit zunehmender Christianisierung in Europa und in anderen Teilen der Welt den Sonntag zu einem wirklich arbeitsfreien Feiertag gemacht. Viele Muslime verachten uns Christen in der nördlichen und westlichen Erdhemisphäre nicht zuletzt auch aus dem Grund, daß sie uns vorwerfen, wir würden Gott nicht ernst genug nehmen und die materiellen Güter mehr anbeten als den einen und wahren Gott. Nicht wenige strenggläubige Muslime meinen, daß derartig denkende und praktizierende Menschen eine „Beleidigung“ in den Augen Gottes seien.

Werden wir Christen von gläubigen Muslimen religiös nicht für voll genommen?

Wir werden nur dann von Andersgläubigen, besonders von Anhängern des Islam ernst genommen werden, wenn wir unsere eigene Glaubensüberzeugung zum ersten wirklich begründen können, und wenn wir zum zweiten dann diesen Glauben auch in unserem Alltag leben, wenn wir den Alltag von der Kraft des Glaubens durchdringen lassen. Das ist letztlich nur möglich durch den regelmäßigen Gottesdienstbesuch, durch das religiöse Begehen der Sonn- und christlichen Feiertage und nicht zuletzt auch durch die verschiedenen Formen des Gebetes im persönlichen Leben, in der Ehe und in der Familie. Wenn ich an die Koranschulen denke, die den Moscheen angeschlossen sind, dann sind wir, wenn wir überzeugte Christen sein wollen, geradezu verpflichtet, unseren Kindern und heranwachsenden Jugendlichen aus der Kraft des Glaubens Orientierung zu geben und sie vor allem auch das Gebet zu lehren.

Haben wir es beim Christentum in Deutschland, auch dem katholischen, mit dem Phänomen einer verdämmernden, beim Islam dagegen mit einer aggressiven Religion zu tun?

Eine Religion, über die nicht mehr diskutiert, in bestem Sinn auch nicht mehr gestritten wird, die im Alltag kaum noch eine Rolle spielt, gerät zwangsläufig in einen „Verdämmerungszustand“. Als Christen, besonders auch als katholische Christen, können und wollen wir nicht aggressiv sein; wir wollen und können niemandem unsere Glaubensüberzeugung aufdrängen, weil wir sonst die persönliche

Freiheitsentscheidung nicht mehr beachten würden. Andererseits ist es aber ganz entscheidend, daß wir, wie die ersten Christen und auch wie Christen, die bis auf den heutigen Tag für ihren Glauben ins Martyrium gehen, diesen unseren Glauben in Wort und Tun bezeugen. Warum soll und kann ich nicht, auch in einem hitzigen Dialog, klar und eindeutig die Aussagen des christlichen Gottesbildes, Menschenbildes und Weltbildes herausstellen? Wer verbietet mir, in sich begründete katholische Grundüberzeugungen in einer gewinnenden und zugleich auch klaren Art ins Gespräch zu bringen?

Nach dem Motto: Tritt frisch auf, mach's Maul auf?

Mein Eindruck ist, daß wir Christen in unserem Land weitgehend „stumme Hunde“ (Jes 56,10) geworden sind. Es geht in keiner Weise darum, intolerant und gefühllos aufzutreten; es geht aber wesentlich darum, daß wir uns für unsere Glaubensüberzeugung nicht entschuldigen, sondern offensiv, einladend und werbend als bekennende katholische Christen auftreten. Wir dürfen in der Auseinandersetzung mit anderen Religionen und Kulturen keinerlei Gewalttätigkeit anwenden, die immer schon gegen die Friedensbotschaft Jesu war und ist. Wir brauchen aber betende und in den Werken der Liebe und im bekennenden Zeugnis auftretende Christen, die sich für ihren Glauben und für ihre Zugehörigkeit zur weltweiten katholischen Kirche nicht schämen. Es geht um eine geistige Auseinandersetzung, die uns herausfordert und die zugleich auch spannend ist.